跨越高考
大学中学衔接培养创新人才

唐景莉 ◎ 主编

中国人民大学出版社
·北京·

编委会

主　　编	唐景莉
副 主 编	王　锋　铁　铮　邓相军
执行主编	董　静　魏莉霞　杨丽霞　刘砚秋
编　　委	袁　芳　常　静　倪彦鹏　兰劲华
	张彩会　刘　玮　吴　优

序

钱学森之问，是问大学，还是问中学？是问教育，还是问社会？

在创新人才的选拔和培养过程中，中学和大学之间到底应该如何衔接？怎么从内容、形式、方法、机制等各个方面入手，合理包容个性发展的多样性和适应社会对各类人才需求的差异性？

求解钱学森之问，消除大学和中学之间的人为分离现象，找寻创新人才对接点，一直是中国大学校长和中学校长的共识和行动。

从柳州峰会到央美峰会，从人大峰会到工大峰会再到正定峰会，著名大学中学校长峰会已成功举办五届，社会影响力与日俱增。

2007年，第一届著名大学中学校长峰会在柳州高中举行。教育部原副部长周远清以及国内数十位教育专家、学者、校长汇聚一堂，大学、中学校长激情洋溢、思想碰撞，精彩纷呈。

2018年，第五届著名大学中学校长峰会在河北正定举行，中国高等教育学会副会长张大良等120多位领导、专家和大学、中学校长，就如何促进高等教育与中学教育整体性相互衔接和共同培养创新人才展开深度研讨。

"大学与高中之间衔接，这是中国教育体制改革的突破口！"清华大学原副校长谢维和的观点可谓一石激浪。"教育能育人也能毁人，能培养人也能扼杀人。

如果不转变陈旧落后的人才观，我们的学校、我们这些校长和老师可能就会自觉不自觉地扼杀了孩子们的个性特长和创造潜能。"中国人民大学附属中学原校长刘彭芝的一席话振聋发聩。

16年来，国内一大批教育专家学者致力于破解钱学森之问，聚焦创新人才选拔和培养，搭建大学和中学高端对话平台，勾勒出大学和中学有效衔接的思维导图和施工图。

党的二十大报告指出，要"用社会主义核心价值观铸魂育人，完善思想政治工作体系，推进大中小学思想政治教育一体化建设"。报告体现了党中央关于思想政治工作的整体性战略思考，同时对推动大中小学纵向衔接、横向协同提出了更高要求。

为凝练峰会成果，更好推动地我国创新人才选拔和培养的实践研究，《中国高等教育》杂志总编辑唐景莉博士主编了《跨越高考——大学中学衔接培养创新人才》一书。

本书荟萃了五届著名大学中学校长峰会专家学者的精彩观点，着重探讨了国家选拔制度的顶层设计和大学中学创新人才培养模式的构建。由于五届峰会历经时段较长，书中涉及人员职务皆为时任。

本书汇聚了中国近二十年大学中学衔接和创新人才培养实践研究方面的权威声音，在当前党中央大力推进大中小学思想政治教育一体化建设的时代背景下，有助于教育工作者探究中国创新人才培养的紧迫性和教育机制改革的必要性，同时可以帮助读者了解近二十年中国大学中学有效衔接的改革进展和创新举措。

编委会

2023年9月7日

序
峰会故事

说起峰会，时间要回到 2007 年春节。我的母校柳州高中百年校庆，校长李昌林邀请我回母校看看。母校的发展令我非常振奋。李校长征求我对百年校庆的建议，我提到了举办大学中学校长峰会。当时我在《中国教育报》担任高教中心主任，能接触到很多大学校长。在我的新闻职业生涯中，又恰恰当过几年普教部记者。对于大学中学衔接这一话题，我深有体会。李校长特别赞同我的建议。时间过了半年。有一天，我接到了李校长的电话。李校长来北京开会，地点刚好在《中国教育报》曾经的办公地——北京市第四中学。李校长约我见面，特别郑重地对我说："这半年，许多媒体来找我策划校庆。我始终觉得，还是唐主任的方案最好。我今天来找你，是希望能把这个会议办成。"信任的力量是巨大的。剩余的筹备时间不到一个月，可谓紧锣密鼓。2007 年 11 月 9 日，著名大学中学校长峰会如期在柳州高中举行。教育部副部长周远清、北京师范大学校长钟秉林等领导出席会议并做主旨报告，引起了社会的极大关注。随后，峰会在中央美术学院、中国人民大学和北京工业大学成功举办。当时，中国人民大学附属中学校长刘彭芝等领导也出席了会议，并提出了许多真知灼见。从第一届峰会到第四届峰会，从一个整版到四个整版，《中国教育报》对峰会进行了翔实的报道。大学对话中学，有如此多的新鲜有趣的话题。2014 年，我从《中国教育报》高教职教中心主任兼《高教周刊》主编到《中国高等教育》担任总编辑，围绕大学中学衔接这一话题，在杂志组约了不少有分量的稿件，持续深入进行讨论。

到了 2018 年 6 月，我已经转岗《中国高等教育》总编辑 4 年有余了，虽然大学中学对话和创新人才培养等话题在我心中一直萦绕不去，但苦于各种主客观原因，欲再次举办一届大学中学峰会一直未能如愿。一次偶然的机会我和第四届峰会承办方北京工业大学王锋老师、北京邮电大学科技园总经理邓相军老师讨论产教融合选题，一个创意在我们之间产生。2018 年 8 月 18 日，由《中国高等教育》主办，北邮正定信息技术产业研究院、河北正定中学承办，石家庄市教育局支持，石家庄科技工程职业学院、正定县第一中学协办的第五届著名大学中学校长峰会在习近平总书记曾经工作过的河北正定县召开。120 多位大学与中学校长齐聚一堂，就如何促进高等教育与中学教育整体性相互衔接，特别是促进大学面向全体学生的素质教育与高中素质教育之间的相互衔接，共同培养创新人才，展开深度研讨。会前，《中国高等教育》元老、行政综合中心主任李石纯建议，用微信推送历届峰会相关资料，便于大家了解。于是，编辑部新闻编辑中心编辑王弘扬迅速开始查找资料，从中国教育新闻网到中国知网乃至承办学校网站，全部找了一遍。中国教育报刊社出版设计中心副主任李坚真、全媒体中心中教之声事业部技术总监章立提供了极大的帮助。有志者事竟成，这组峰会回眸推出之后引起极大反响，也成为我从事数十年新闻工作以来最珍贵的历史资料。中国教育报刊社几任社长和《中国教育报》几任总编辑都对历届峰会给予了有力的指导和支持。15 年来，全国数百位著名大学中学校长、专家学者出席峰会，围绕峰会主题积极撰写相关文章，让每一届峰会都成为经典，让我和我的同事终身受益、永生难忘。

时间过得真快，距离第五届正定峰会又快 4 年了。这 4 年来，在教育部和中国教育报刊社领导的关心支持下，我和我的团队以及全国大学中学教育同人在五届峰会成果基础上，本着"正视听、明学理"的办刊宗旨，认真学习贯彻落实习近平总书记关于大中小学思想政治教育一体化建设讲话精神，通过加强媒体融合和办刊办会办新媒体的创新模式，将大学中学衔接理念和研究推向深入，得到了社会各界的广泛关注和高度支持，此次将五届峰会专家观点编辑出版既是应教育同人呼吁，也是为感谢所有关心支持峰会的领导和专家，同时还想借这个机会和广大关心和支持中国教育的各界人士切磋研究心得，以凝聚共识并整合资源，推动大学中学衔接和创新人才培养的研究和实践进一步深化，以实现横向协同、纵向衔接的"立德树人"最终教育目标。

唐景莉

2022 年 5 月 31 日

于北京

目 录

第一章　第五届著名大学中学校长峰会 ·· 1

第一节　峰会综述 ·· 3
多方共建沟通大学与中学的桥梁 ·· 3
创新人才培养是各个学段共同的责任 ·· 4
打造优质的师资队伍与文化环境 ·· 6

第二节　大学中学衔接　培养创新人才 ·· 7
大学中学衔接培养创新人才 ·· 7
用系统培养观念推动大中小衔接 ·· 9
贯通之道重衔接　衔接之要贵有序 ·· 10
峰会的主题是我们努力的方向 ·· 14
创新人才培养的几点思考 ·· 15
发展公平而有质量的教育 ·· 20
固本强基　守正创新 ·· 23
大学中学衔接培养创新人才 ·· 28
为高等院校输送更多优质生源 ·· 29
聚焦三位一体整体培养 ·· 32
大学与高中人才培养机制的思考 ·· 33

第三节　破解学段分离机制瓶颈 ·· 35
打破基础教育与高等教育间的藩篱 ·· 35

教育培养模式要强调立德树人 ………………………………… 36
　　建立优势互补的教育机制 …………………………………… 38
　　大学中学衔接的内涵十分丰富 ………………………………… 39
　　从素质教育的角度谈大学中学衔接 …………………………… 40
第四节　拔尖创新人才培养模式 …………………………………… 41
　　高度重视拔尖创新人才的培养 ………………………………… 41
　　拔尖创新人才培养从娃娃抓起 ………………………………… 44
　　大学中学衔接的每个链条都不容忽视 ………………………… 45
　　创新人才培养处在好的机遇期 ………………………………… 47
　　培养拔尖创新人才是社会创新的要求 ………………………… 48
　　创新人才培养重在理念创新 …………………………………… 50
　　搭建创新研究和实践的平台 …………………………………… 52
第五节　营造协同育人文化氛围 …………………………………… 54
　　《中国高等教育》发挥积极引领作用 …………………………… 54
　　文化产业是内容产业 …………………………………………… 54
　　能力培养仅靠大学不能完成 …………………………………… 55
　　创新创业教育要富有特色 ……………………………………… 56
　　目标瞄准国际一流的教育 ……………………………………… 57
　　培养中注重加强通识教育 ……………………………………… 57
　　用最小的成本培养最优的学生 ………………………………… 58
　　大学文化要加入新时代内涵 …………………………………… 59
　　大学文化与专业教育相结合 …………………………………… 59
　　晋商文化助力大学文化建设 …………………………………… 60
　　探索传统文化的传承与创新 …………………………………… 61
　　培养创新人才站位要高 ………………………………………… 62
　　峰会也需要无缝衔接 …………………………………………… 63

第二章 第四届著名大学中学校长峰会 ········· 65

第一节 峰会综述 ········· 67
寻找创新人才培养对接点 ········· 67
分离，这是教育最大的浪费 ········· 68
从"选苗子"变成"育苗子" ········· 69
携手建立中国大学先修体系 ········· 70

第二节 寻找创新人才培养对接点 ········· 71
峰会为改革搭建了重要平台 ········· 71
"向下看"不是生源大战的延伸 ········· 72
峰会的使命在于推进教育领域综合改革 ········· 72
"翱翔计划"打破高中与大学的壁垒 ········· 72
探索创新人才培养的模式和途径 ········· 73
大学中学衔接是创新人才培养的需要 ········· 73
大学高中衔接是教育体制改革的突破口 ········· 74
创新人才选拔和培养的三个关节点 ········· 75
执起创新人才培养的接力棒 ········· 77
从钱学森的成长看杰出人才培养 ········· 78
必须坚持教育的完整性 ········· 79

第三节 建立多样化差异化机制 ········· 80
中学：教育浪费的担忧与突破 ········· 80
大学：既懂仰望星空，也懂挑水浇园 ········· 83
中学和大学：探索多样化协同培养模式 ········· 84

第四节 如何"互利共生"协同育人 ········· 86
完善评价体系 探索人才培养模式 ········· 86
注重人才选拔质量 坚持公平公正原则 ········· 88
各方携手合作 提高选拔综合效能 ········· 90

第三章　第三届著名大学中学校长峰会　93

第一节　峰会综述　95
《人大宣言》　95

第二节　高校如何选拔创新人才　96
大学中学携手　培养创新人才　96
走出切实可行的育人之路　100
推动大学中学教育和谐发展　101
单一的选拔和培养模式亟待改变　102
过分强调均衡不利于因材施教　104
拔尖创新人才早期发现与早期培养缺乏机制　106
创新人才培养目标应体现阶段性　107
负责任的教育才能立于天地间　109
45分钟常态教学足以抵消一场创新大赛　110
拔尖创新人才须具备三大要素　111
高考要更好地引导素质教育　112
学以致用是真理　113
创新人才要有独立思考能力　114

第三节　大学中学教育如何衔接　115
用"高原山峰"模式培养创新人才　115
大学与中学具有相同目标　116
重视资质优异学生的发展　116
寻找大学与中学的衔接点　117
创新人才培养需全社会共同努力　118
焕发学生内动力　119
提高中学生的综合素质　120

第四章　第二届著名大学中学校长峰会　121

第一节　峰会综述　123

　　　　《北京宣言》 ··· 123
　第二节　创新人才选拔与培养是我们共同的责任 ······················· 124
　　　　统筹中学大学教育和谐发展 ··· 124
　　　　面向未来的教育应具有全球视野 ······································· 125
　　　　高度重视创造性人才 ·· 127
　　　　培养创新人才是当务之急 ·· 128
　　　　不同思维模式与创意人才培养的关系 ································· 131
　　　　强基础 打牢创新人才培养的根基 ····································· 134
　　　　创新人才培养需要教育制度创新 ······································· 137
　　　　寻找更多的途径衔接大学和中学 ······································· 139
　　　　创新人才培养关系国家未来 ··· 141
　　　　给学生发展提供更好的空间 ··· 146
　　　　精英教育迎接大学时代的使命 ·· 148
　　　　培养创新人才的关键 ·· 152
　　　　培养人格健全自主发展的优秀人才 ···································· 154

第五章　第一届著名大学中学校长峰会 ·· **157**
　第一节　峰会综述 ·· 159
　　　　柳州峰会印象 ··· 159
　第二节　高中与大学和谐对接培养创新人才 ····························· 160
　　　　加强高中与高校的人才培养衔接 ······································· 160
　　　　建立高校与基础教育联合体是必然趋势 ······························ 161
　　　　高中与大学衔接是教育的突出矛盾 ···································· 163
　　　　大中小学衔接是重要问题 ·· 163
　　　　创新人才培养和教师教育的创新 ······································· 166
　　　　创新人才培养，教育的责任 ··· 172
　　　　推进素质教育 培养创新人才 ·· 174

形成基础教育和高等教育的统一战线 …………………… 177
培养出具有高尚人格的教师 …………………………… 181
学校不能忽视人格养成教育 …………………………… 184
大学中学德育如何衔接是个大问题 …………………… 187
中学肩负向大学输送合格毕业生的重任 ……………… 189
重视培养学生自主发展能力 …………………………… 191
大学要认真研究中学现在的教育 ……………………… 193
自主发展能力培养的若干问题 ………………………… 193
一切为了学生的成才 …………………………………… 196
既要重招生 又要强培养 ……………………………… 199
高考是大学中学教育的衔接点 ………………………… 202
高考制度在改革中不断完善 …………………………… 204

后　记 ……………………………………………………… 206

第一章

第五届著名大学中学校长峰会

第一节　峰会综述
第二节　大学中学衔接　培养创新人才
第三节　破解学段分离机制瓶颈
第四节　拔尖创新人才培养模式
第五节　营造协同育人文化氛围

2018年8月18日，由《中国高等教育》主办，北邮正定信息技术产业研究院、河北正定中学承办，石家庄市教育局支持，石家庄科技工程职业学院、正定县第一中学协办的第五届著名大学中学校长峰会在河北正定召开。120多位大学与中学校长齐聚一堂，就如何促进高等教育与中学教育整体性相互衔接，特别是促进大学面向全体学生的素质教育与高中素质教育之间的相互衔接，共同培养创新人才，展开深度研讨。

第一节　峰会综述

多方共建沟通大学与中学的桥梁

从柳州高中到中央美术学院、中国人民大学和北京工业大学，再到正定中学，著名大学中学校长峰会已走过五届。如何真正实现高等教育与高中教育的衔接，是贯穿五届峰会不变的主题。

在开幕式致辞中，中国教育报刊社党委书记、社长翟博指出，"树立系统培养观念，推进小学、中学、大学有机衔接"是《国家中长期教育改革和发展规划纲要（2010—2020年）》提出的明确目标。因此，希望通过峰会建立起大学中学衔接与共同发展的协作体，并以协作体卓有成效的工作，加强大学先修课建设，共同开展有关课程研发，推进建立多样化的大学中学衔接机制，为基础教育改革发展和高等教育教学质量的提高提供支持，真正搭建起一座沟通大学和中学的桥梁。

中国高等教育学会副会长张大良表示，2014年上海市和浙江省出台高考综合改革试点方案，其中一大特点就是基础教育和高等教育领域加强衔接、建立机制、搭建平台，促进大学与中学牵手。正如张大良所言，自2014年开始的新一轮的考试和招生制度改革，为拓宽高中与大学的衔接面提供了绝佳的机遇。

河北省教育厅副厅长韩俊兰认为，要实现大学教育与中学教育的贯通，必须着眼教育的全流程全过程来思考设计，全方位地做好工作——要在系统化上着力，在制度化上发力，在精细化上用力。

如何以考试和招生制度的改革为突破口，建立科学的人才选拔机制？大学与中学都已经进行了卓有成效的探索。中国人民大学副校长杜鹏介绍了学校面向农村和贫困地区专项招生计划的成功经验，并提出了多条建议。高校要落实发展公平而有质量的教育主体责任，加强对困难家庭学生的关怀和帮助；促进中学与大学的信息沟通与政策衔接，打造零断裂就学帮扶通道；探索公平而有效的专项招生计划和人才选拔体系，加强大学招生过程中的政策倾斜；等等。

吉林新教育集团总校长李桢从办学实践出发，提出教育要实现知识、能力和价值观"三位一体"的整体性人才培养。体现学生认知思维自主性建构，在课堂教学当中体现学习的自主性；实现社会实践交往的建构，在社会性学习中体现合作交流能力；实现历史文化的建构，体现历史文化和人文精神。

"高等教育和高中教育的衔接主要有三大基本内容：学科知识传授、大学适应性教育和大学生基本素养教育。"山东省牟平第一中学校长李丽云认为，"与之相对应，衔接路径也有三个方面：一是构建课程开发和实施体系；二是高中要借鉴大学的学习和教学方式，提升学生的学习能力和学习品质；三是要共享高校的优质教育资源。"

在《中国高等教育》总编辑唐景莉看来，高等教育和高中教育的衔接不仅需要大学与中学的积极参与，也需要政府的积极作为与政策引领。举办著名大学中学校长峰会，就是在进一步强化和引导大学与中学的有效衔接，推动教育的改革和发展。

创新人才培养是各个学段共同的责任

"创新人才培养在每个学段都有它的任务。"在"创新人才培养"分论坛上，与会代表达成了这样的共识。

什么是创新人才？华南理工大学党委副书记陶韶菁认为，创新人才应具备五方面的品质，包括博、专结合的知识准备，自由发展的个性，强健的身心，高度发达的智力与能力，以及积极的人生价值取向和崇高的献身精神。

石家庄市教育局副局长赵立芬表示，大学与中学应在拔尖创新人才培养、促进国内优质大学面向全体学生的创新素质教育与高中素质教育之间相互衔接方面，进行积极有效的交流，探索培养拔尖创新人才的机制，使大学和中学在学生选拔、培养、评价、课程、师资、教学内容和教学方法等方面更好地衔接。

大学和中学校长们从各自学校实际出发，分享了创新人才培养的经验与建议。中央音乐学院党委书记赵旻认为，创新人才培养要实现"四个突破"：加强大学生实践教育，使目前教育体系背景下的社会实践变为社会经济发展背景下的生产实践；促进通识教育与专业教育有机结合；做好知识思想教育、价值教育、审美教育的衔接；更新教育观念，重视生活教育和成长教育。

北京建筑大学校长张爱林表示，推进新时代教育改革创新和创新人才培养，一是要改革创新大学观，改革创新大学管理；二是要改革创新师资队伍建设，改革创新人才培养模式，从而实现新时代大学教育与中学教育立德树人全过程衔接、以学生为中心的成长成才全过程衔接、知识体系全过程衔接、创新能力全过程衔接。

南京第九中学校长张恒柱提出，宏观层面推进创新人才培养，一是要推进政府部门管理制度的规范与创新，营造良好的教育生态；二是要变革学校管理理念，提升现代化管理水平；三是要积极稳妥地推进高考改革，优化人才选拔方式。

湘潭大学副校长刘建平和广州执信中学校长何勇更加聚焦学校课程设置。刘建平呼吁给学生更加宽松的发展空间，以"更少才是更多"的原则进行课程设置，引导学生自主学习、主动思考、积极探索。何勇总结了创新人才的三个特征：敢想、能做、执着。所以，"学校课程也要围绕培养学生的想象力，培养学生的动手能力，以及培养坚韧不拔的意志来设计"。

北京舞蹈学院党委书记王旭东则更加关注人才培养的大环境，呼吁大家共同营造良好的有利于拔尖创新人才成长的环境和氛围。首先要坚持教育公平的价值取向；其次要在教育改革中兼顾公平与效率，在创新人才选拔方面可适当考虑效率优先；最后要在全社会培育科学全面的教育公平观。

"我希望将来大学能够更开放，中学也更加开放，中学生可以经常性地在大学里学习，大学的教授也时常出现在中学课堂上。只有大学和中学加强合作，我们才能把创新人才培养这个接力棒传递好。"太原理工大学副校长梁卫国说出了教育者的心声。

打造优质的师资队伍与文化环境

创新人才的选拔和培养是一场教育的深刻变革。与会代表一致认为，在这场变革中，优化师资队伍建设，形成新的教育质量观，营造创新文化环境，是关键性举措。

西安交通大学副校长郑庆华认为，人才培养首先要明确的是价值导向。要把立德树人的成效作为检验学校一切工作的根本标准，评价教师队伍素质的第一标准应该是师德师风。高校办学要有坚定的政治方向，有高素质的师资队伍，还要有一套高水平的人才培养体系。

"由于师范类高校要为基础教育培养师资，所以与中学的衔接是天然的。"陕西师范大学副校长党怀兴指出了师范类高校培养优质师资的责任。学校将师范课堂搬到一线，组织师范生通过观摩基础教育课堂和课程教育现状，深入了解基础教育现状；通过"春笋计划"，吸引具有创新潜力的高中学生进入大学实验室，让他们提前感受大学的科研氛围与文化环境。

河北正定中学强调"业务立校"的理念，据校长周庆介绍，学校致力于打造多元化的师资队伍，使每一位老师的教学特色更加鲜明。在教师队伍建设方面，鼓励教学创新，努力打造管理型名师和学术型名师。作为校长，带头营造业务立身的浓厚氛围，让名师们在竞争中合作，在合作中共赢。

第二节　大学中学衔接　培养创新人才

大学中学衔接培养创新人才

中国高等教育学会副会长　张大良

自 2007 年 11 月 9 日第一届峰会召开，已经过去了将近 11 个年头。在过去的 11 年里，我一直对峰会保持高度的关注，历届峰会始终围绕对中国教育来说具有重要意义的主题——创新人才培养展开讨论。

第一届峰会专题讨论了高中与大学和谐对接培养创新人才；第二届峰会专题讨论了大学中学教育统筹兼顾和谐发展；第三届峰会专题讨论了大学中学携手，培养创新人才；第四届峰会专题讨论了大学中学对话，创新人才培养；本届峰会将专题讨论大学中学衔接，培养创新人才。

可以说创新人才培养这个主题，在过去、当下乃至未来都是我们教育工作者必须研究和探讨的重大课题。而培养创新人才的关键在于学生创新思维的训练和养成，在于学生创新精神和创新能力的培养举措的科学实施，其中，大学和中学的衔接是一个重要的途径。

培养创新人才需要高等教育和基础教育纵向协调改革，发挥各自的功能和作用。我很欣喜地看到历届峰会在促进大学和中学衔接与合作方面已经做出了巨大的努力，推动实施了许多实质性、行动性的研究，也产出了很多有价值的研究的成果。

我在参加第三届峰会的时候提出，培养创新人才是一项永恒的事业。这项事业在我们建设创新型国家，实现伟大民族复兴时，具有更加特殊的战略意义。大学和中学培养创新人才，也是一个创新工程。但核心问题在于如何在中学和大学培养学生的创新精神，增强学生的创新能力。我认为可以在一部分中学和大学进行试点，建立中学和大学联合培养拔尖创新人才的机制，使大学和中学之间在学生选拔、培养、评价和课程设置、教学内容、教育方法等方面更好地衔接。

在第四届峰会时，我又进一步提出创新人才的选拔和培养，作为一项系统工程贯穿各个学校的教育，涉及教育教学的各个环节。著名大学中学校长峰会的重要使命在于推进教育教学综合改革，尤其是在学生选拔方式和培养模式上要打破常规，大胆试点，勇于创新，营造创新人才的生态环境和良好氛围。

在此，我想再强调两点：第一，培养创新人才一定要以习近平总书记关于教育的重要论述为指导，坚持"德育为先、德学兼修"的全面育人观，教育引导学生正确认识世界和中国发展大势，正确认识中国特色和国际比较，正确认识时代责任和历史使命，正确认识远大抱负和脚踏实地，把远大抱负落实到实际当中。第二，要构建和完善能充分体现大学与中学紧密衔接，始终贯穿思想、政治工作体系的学生人才培养体系。当前创新人才的选拔，正以考试和招生制度的改革为突破口，建立科学的创新人才选拔机制，培养创新人才。要在人才培养模式上创新，人才培养模式创新又要有自主创新作为保障，要遵循教育规律和人才成长规律，深挖教育教学改革，创新教育教学方法，探索多种培养方式，形成创新人才不断涌现的新局面。在深挖选拔方式和培养模式的改革中，国家做了许多工作，比如，抓住考试招生制度改革这个枢纽环节，全面启动自恢复高考以来最系统最全面的一次改革。31个省区市都形成了高考改革方案。再比如，推进普通高中学业考试和学生综合素质评价，引导和促进学生全面发展。这些都为创新人才培养奠定了很好的基础。

2014年，上海市和浙江省出台高考综合改革试点方案，其中一个特点就是基础教育和高等教育领域要加强衔接、建立机制、搭建平台，促进大学与中学牵手，很多大学与中学都站在了试点的前沿，探索了许多培养拔尖创新人才的方式。比如，作为高考改革试点的上海市，其改革的一个目标就是增加学生的选择性、发掘学生的发展潜能和特长，学生要对自己的心理特点、能力特长、职业兴趣和生涯有所把握，为此，上海中学等学校与复旦大学、同济大学、上海交通大学等大学合作，为学校配备了丰富的课程，提升学生的学习兴趣和创新素养。

长期以来，中国高等教育学会一直高度关注创新人才培养的系列问题，学会举办了一系列相关研讨会和活动，包括各种调研，围绕学理和试点推动拔尖创新人才培养工作。新一届理事会成立后，会长在讲到新时代中国高等教育研究的责任与担当时指出：新时代中国高等教育研究要运用新思维，抓准真问题，探索新模式，做好深研究，开拓新境界，推动正创新，确保真管用。同样，对于大学中学衔接，培养创新人才，我们也要运用新思维，探索新模式，推动正创新，解决真问题，做出新贡献，确保真管用，真正见实效。

著名大学中学校长峰会，已经成为大学中学共同探讨创新人才选拔的重要平台。期待能和《中国高等教育》杂志合作，把大学中学衔接、培养创新人才这方面的研究和试点工作推向新的高度。

用系统培养观念推动大中小衔接

中国教育报刊社党委书记、社长　翟　博

第五届著名大学中学校长峰会在历史文化名城正定举行。群贤毕至，专家云集。本次峰会我们将围绕大学中学衔接，培养创新人才的主题，就促进高等教育与中学教育整体性衔接的议题进行研讨交流，共同分享各地各学校教育改革发展创新的实践经验。这对推动教育现代化和新时代学校教育改革发展，具有重要的现实意义和时代价值。

党的十九大报告提出深化教育改革，加快教育现代化，办好人民满意的教育，健全中国特色教育管理制度、现代学校制度和教育评价制度，加快推进教育现代化，办好人民满意的教育，是当前我国全面深化教育改革的战略目标和战略任务。《国家中长期教育改革和发展规划纲要（2010—2020年）》提出，要树立系统培养观念，推动小学、中学、大学有机衔接。近年来，我国教育质量稳步提升，实现了快速发展，对提升国民素质、促进社会进步、服务国家现代化建设发挥了不可替代的重要作用。同时我们也应该看到，目前教育发展在中学与大学教育衔接，拔尖创新人才的选拔和培养，大学、中学文化建设等方面存在问题，这方面的探索将促使基础教育改革的提高，对于高等教育的发展具有重要作用。这

也是我们举办本届著名大学中学校长峰会的目的所在。

大学、中学的书记和校长是学校的灵魂。书记和校长的教育思想决定着学校的发展方向。书记和校长的人文情怀塑造着一所学校的文化。办好学校，教师是基础，书记和校长是关键。这次峰会旨在为著名的大学书记、校长和中学校长搭建一个相互学习、相互交流、相互研讨的平台，就大学和中学共同关注的教育教学、人才培养、学校文化建设等一系列重大问题进行面对面交流，以便启迪智慧，分享经验，携手推动中国教育的改革发展。

《中国高等教育》杂志是教育部主管、中国教育报刊社主办的期刊，创刊于1965年。作为意识形态的前沿阵地，杂志不忘初心，牢记使命，服务大局，致力于打造杂志、网站、微博、微信四大平台，努力建设中国高等教育第一融媒体平台。为党和国家教育大局服务，为全国教育工作全局服务，为各级各类教育服务，为广大教育工作者和师生服务，是我们的重要任务和义不容辞的职责使命。

从2007年开始，中国教育报刊社举办了四届著名大学中学校长峰会。本次由《中国高等教育》主办，北邮正定信息技术产业研究院和河北正定中学承办的第五届著名大学中学校长峰会隆重举行，就大学中学衔接、创新人才培养、大学文化建设等主题开展讨论。本届峰会我希望在与会的书记、校长、专家们的充分研讨、广泛交流的基础上，本着自愿、平等、互利、合作的原则，建立起大学中学衔接与共同发展的协作体。通过协作体卓有成效地工作，真正搭建起一座沟通大学和中学的桥梁。

科学理论是时代的精神，是引领社会前进的伟大旗帜。让我们以习近平新时代中国特色社会主义思想为指引，增强"四个意识"，坚定"四个自信"，为夺取中国特色社会主义现代化建设的伟大胜利而努力奋斗。

贯通之道重衔接　衔接之要贵有序

河北省教育厅副厅长　韩俊兰

第五届著名大学中学校长峰会的举办必将对河北教育，无论是大学还是中小学，产生极大的影响。1985年，习近平总书记还在正定工作时，曾为这里的小学办学条件忧心着急。他对党支部书记讲，孩子在这样的条件下读书，难道不怕他们变成罗锅、近视眼吗？他当时骑着自行车走遍了正定的每一所中学、小学。他曾经为这里的学校建设亲自跑水泥、钢材等建筑材料。身为县委书记，他亲自给正定籍的每一个大学生写信介绍家乡的变化，希望他们在毕业之后能够回报正定，为家乡做贡献。

重视教育是正定县一贯的好传统。习近平总书记当年去过的塔元庄，其学校一进门就有一面墙，墙上有100所高校的名字，以此勉励村里的孩子好好读书深造。这届峰会主题是探讨中小学创新人才的培养之道。希望河北的孩子能够借助这个桥梁，走向中国更多高校。

我就"贯通之道"谈一点自己的体会。这个"道"在哪里？哪里不通？如何达到？

第一个问题，贯通之道在哪里？在自然层面，人的成长是一个连续不断、生命延展的过程。从少年、中年再到老年直到生命终点，是自然生命成长的过程。在生命成长的过程中，教育作为培养人、提升人、完善人、塑造人的手段贯穿始终；在社会层面，教育的存在作为人不同于其他动物的属性完成着改造客观世界的同时，也改造主观世界。于是对应不同的年龄阶段，根据认知特点划分了不同的学段，在传承人类文明知识技能的同时也完善着个体的心境，也就是说"新"原本就是生命的特征和活力的源泉。求新是人之所以能在众多动物当中脱颖而出的原因。人类社会是在不断的科技创新中得以发展的，当今世界比拼的也是人类创新创造的能力。从这个意义上讲，竞争是生存的法则，优胜劣汰是社会延续进步的动力机制。所以创新被放在崇高的位置，教育要承担起崇高的使命。不断创新让人类生活得更美好，地球村建设得更美好，这是构建人类命运共同体的大道，是人性、本性的大道。在这个大道上，我们培养学生成人、教育学生创新，为了国家富强、民族复兴，为了人类共同家园的创新、创造。这是实实在在的人间正道。

第二个问题，哪里不通？为什么显而易见的道理却讲不清楚，明明是不言而喻的常识在现实中却行不通？痛点在哪里、表现是什么？

一是各管一段。从中考、高考来说，学校教育被分成初中、高中、大学三个教育阶段。在完成本学段教学任务之后，接力棒就传到下一学段，似乎就完成了使命。本学段只研究本学段的内容，至于下一学段如何，那是下一学段的事情。事不关己，高高挂起。于是，在这些衔接的节骨眼上就出现螺丝松动，拧得不紧，跟不上劲的情况。尽管校长、老师在给学生的毕业致辞中有行稳致远的谆谆嘱托，但是真正去继续追踪学生成长表现的却微乎其微。

二是互相抱怨。学生成长原本是一个生生相续的过程。就一个生命个体来说，没有个体直接分解。但是我们常常听到的是，大学抱怨中学，人生底色没有打好；中学抱怨大学管理松懈，缺失了中学阶段的紧张有序，没有动力机制和外在的约束。有的中学老师、校长教育中学生，苦就苦这几年，到了大学就好了，不用这么拼。试想这样的教育情景，学生的心何所系，创新之舟驶向哪里？

三是唯分数论。许多地方领导自豪地讲重视教育的政绩，有几个学生考取了清华大学、北京大学。这确实可喜可贺，但仅以此作为评判教育质量的标准恐怕有所偏颇。我们的中学校长、大学校长也被此绑架，即使是"双一流"的高校也有很深的状元情结、高分情结，竞相招揽生源，甚至发生抢人大战。分数确实是一个指标，但如果成为唯一指标，那就很可怕、也很可悲了。

四是大小倒置。在大学讲小学的道理，在小学讲大学的道理。这里不是指文化知识的深浅程度，而是指道德方面。我们经常在少先队、红领巾教育当中讲共产主义理想、革命接班人的道理，而在中学阶段再讲做人做事的道理，大学再讲团结友爱不相欺，爱护公物不损毁，毕业时不踹门、不拆床、不摔酒瓶。小学还有公共服务区的值日扫地，但在大学里连一张纸片都懒得捡起。如果把德育仅仅作为一种知识、一门课程，不是内化于心外化于行的自我认知，那优良的成绩、丰厚的知识究竟还有什么用？庆幸的是大中小学思政课本现在由国家统一规范，正在构建一个体现认知规律的学习体系，减少重复性章节。

第三个问题，如何达到？贯通之道重在衔接，衔接之要贵在有序。人的一生就像竹子拔节一样，每一段都要无缝衔接，紧紧连接。学校教育的每一个阶段特别是高中和高校之间的更替尤为如此。因此，贯通之"痛"实则在全过程。必须着眼教育的全流程全过程来思考设计，全方位地做好工作。那具体到操作层面落地层面我们又能做些什么呢？

一是在系统化上着力。教育是一个系统工程，大学生所反映出来的问题不能完全归咎于大学思想政治教育的缺失，其中一个非常重要的原因是大学中学教育衔接不够，缺乏系统培养观念。河北实验性地组织了大中小学德育衔接共同体建设。在大学阶段的学生出现的案例当中，邀请中小学校长德育工作者一起来把脉会诊；在中小学阶段的学生出现的案例中，邀请大学辅导员、思政课教师一同参与，共同分析找出解决问题的办法。这种探索研究方式尽管是德育方面的，但对学生创新能力的培养也不无借鉴。

二是在制度化上发力。要从政策上为大学、高中制度解套，进一步扩大自主招生的比例，使更多的具有突出的学科兴趣、特殊专长、创新潜质的学生脱颖而出。鼓励兴办大学预科及开设大学先修课，成立高中大学联盟或共同体，使学生在高中就能接触到大学教育的部分内容，感受到平等、理性、独立的大学精神。鼓励互动，建立多样化、差异化衔接机制。克服高中教育与大学教育之间"即停即转"给学生带来的差异感、不适感，帮助高中学生，尤其是准毕业生了解并形成自己的专业兴趣，指导他们选择适合自己的大学和专业。

三是在精细化上用力。推进大中小学有机衔接，不仅要将教学、科研、实践相结合，更需要学校、家庭、社会密切配合。在学校教育中，课程设计、课堂组织要衔接，知识体系特别是情感能力的培养更要一以贯之。在中考、高考效果评价和社会用人导向上，改变现有的评价模式，更加注重学生的创新创造能力、思维模式、协作精神、情商等，而不仅仅是用学历出身、高考分数这些评价方式。同时，对教师教育教学行为的评价要加大教书育人效果的评价比例。这些工作的精细化程度决定着我们生命生活的生机与活力。

要努力做到思想道德教育的全学段贯穿，学生身心知识能力的全方位培养，课程组织的全流程衔接，创新人才成长的全过程评价。我们只要寻道而行，从扣好学生人生第一粒扣子开始，有序扣好每一粒扣子，做有的放矢之事，不存无心插柳之心，坚持积极教育、正向引导，创新人才的培养就会水到渠成。

我非常欣赏一句话：教育的本质就是用生命唤醒生命。其实教育工作者在小学、中学乃至大学所做的就是这种"唤醒"工作。一个个体生命可能会随着物质生命的终结而终结，但是精神的种子会延续。小学、中学教育的使命会阶段性完结，而这种精神会在大学阶段延续下去，并将在社会当中去传承、发扬光大。这也正是讨论大学中学人才培养贯通之道的意义所在。

峰会的主题是我们努力的方向

石家庄市教育局副局长　赵立芬

历史文化名城群贤集聚，百年高中名校高朋满座。为探讨大学与中学的创新人才培养，促进国内优质大学面向全体学生的素质教育和高中素质教育之间的相互衔接，第五届著名大学中学校长峰会开幕了。

办好人民满意的教育，落实立德树人的根本任务，培养德智体美劳全面发展的社会主义建设者和接班人，是大学教育和中学教育的共同使命，《中国高等教育》杂志社为大学和中学搭建了这个交流研讨的平台，选择具有前沿性、富有讨论价值的主题，引领大家进行思想的碰撞，我们相信峰会必将给大家带来全新的思考，成为一场精神的盛宴。

河北是教育大省。石家庄作为省会城市必须要在教育改革和创新领域占据应有的位置，过去的一年是石家庄教育实现跨越式发展的重要年头。要想在高考改革、教育改革的大潮中永立潮头，不仅要有争做急先锋的勇气和胆魄，更要有锐意改革的决心和挑战困难的智慧。这次峰会将是我们借鉴经验、更新思想的一个好机会。

培养创新人才是一项永恒的事业，在实现中华民族伟大复兴的进程中具有更加重要的战略意义。大学和中学培养创新人才也是一个系统工程，它的核心问题在于如何在大学中学培养学生的创新精神和素养，增强学生的创新思维能力。大学与中学应在拔尖创新人才培养，促进国内优质大学面向全体学生的创新素质教育与高中素质教育之间的相互衔接方面进行积极有效的交流。探索培养拔尖创新人才的机制，使大学和中学之间在学生选拔、培养、评价、课程、师资、教学内容和教学方法等方面更好地衔接。这次峰会的主题，也是石家庄高中教育改革的方向，是值得追求的努力目标。我们要借助本次峰会虚心学习，积极探索，优化教育理念和教学管理，寻找拔尖创新人才培养的最佳途径，让中学教育能更好地与大学素质教育对接，努力营造培养创新人才脱颖而出的环境，让学生发展更加多元、更加健康，让更多的优秀人才脱颖而出，为石家庄高中的创新教育培养探索出一条可以借鉴的道路。

我深刻体会到，真正的大学和中学的衔接是影响中国教育改革最重要的途径。中学和大学很好地结合起来，在人才的科学选拔和培养上创造一条大学和中学相互衔接的道路，将是未来影响基础教育改革最深刻的途径。

创新人才培养的几点思考

中央音乐学院党委书记　赵　旻

创新人才培养既是社会经济发展对人才规格的新需求，也是深化高等教育改革的重要内容。科技信息迅猛发展对人才的渴求比以往任何时候都更加迫切，因此人才的地位、作用越来越凸显；对于人才的要求，创新能力成为必备的条件和要求。"创新"已成为21世纪的热门词汇，也成为考量人才的重要指标。如何培养创新人才是实践问题、理论问题，还是一个困扰高等教育改革发展的难题。

第一个问题，创新人才的概念和内涵。

高校是培养人才的重要基地，并且培养人才是大学的重要职能，创新人才需要在人才培养理念、人才目标、素质要求、知识体系建构、办学教学方式等方面进行结构性的改革、整合和创新。

一是创新人才的概念和特征。目前无论是学界还是大学的培养实践，对创新人才的认识主要还是宏观的、比较笼统的，缺乏具体的培养目标和人才目标，这也是由人才培养所具有的不确定性所决定的。日本学者提出创新人才要能够构思和创造有价值的东西，要具备创造能力。美国心理学家认为创新人才就是人体、才智体现为发展的完整性、健全性与非压抑性的优秀人才。他们的概括也共同强调创新人才的核心价值是创造能力。从创新人才培养和自身特质出发，我们认为创新人才就是具有融汇知识、灵活运用知识的能力，具有强烈的问题意识、质疑精神，具有极强的好奇心和钻研精神，具有稳定成熟的心理品质、抗压能力，具有创造欲望和精细实践能力的创造型人才。当然，创新人才也需要具备一定的道德品质。

二是创新人才培养模式的概念和内涵。高等学校担负着培养新时代合格建设者、可靠接班人和创新人才的历史使命，必须更新观念，建立创新人才的培养模式。创新人才的培养模式概括起来，就是在一定教育思想、理念的指导下，高等学校根据人才培养目标、质量标准要求，以吸收前沿成果的教学内容，相对稳定的课程体系，科学的管理制度、评价方法和教学方法为依托，为大学生成长设计的知识、能力和素质结构，以及怎样实现这种结构的方式。这只是简单的概括。

第二个问题，创新人才培养的实践困境。

创新人才培养不是对已有人才培养的全盘否定，相反是在集成基础上的理念创新和模式创新，是中国高等教育进入大众化阶段人才培养的更高层次，也是人才培养类型的细化和区分，当然也是立德树人的新内涵。目前，创新人才培养方面我们存在一些困境，主要表现在这样几个方面：

第一个困境是大学生的群体的创新意识比较薄弱。分析原因，一是学生学习态度被动，循规蹈矩，过于依赖课堂和老师，而老师也不能正确对待具有独特思维的学生，简单地把独立意识强的学生当成了学习的主体，没有考虑学生的内在需要，难以激发学生的好奇心。大学生已经习惯了这种思维定式，因而缺乏创新意识。二是当代大学生生活环境信息化，文化背景多元化，极易被引发反叛心理，在变幻莫测的情境中难以沉下心来，更缺乏创造能力。

第二个困境是封闭的教学模式不利于创新人才的培养。教学模式直接关系到教学工作的成败、教学效率的高低以及培养人才的方向和质量。这里存在教育观念比较落后的问题，很多学校还是停留在培养知识型人才的认识上，注重专业知识技能的灌输，预设好一个模式让每个学生去适应，而很少考虑学生的接受程度，缺乏一种始于问题、基于发现，体现研究性、主体性的教学氛围。另外，强调聚合思维，注重理解、消化学科的基本概念，强调理解消化老师讲授的内容，很少提供创新所需的环境和实践机会。教学内容更新比较慢，知识陈旧，跟不上时代变化和经济社会发展步伐，缺乏对学生的吸引力。考试制度及其所强化的标准答案也束缚了学生的创造性思维，注重过程学习不够，启发式、研讨式、主动思考式教育不够，遏制学生对专业知识技能的质疑和批判，规范共性的要求阻碍了学生的个性发展。这些都是封闭教学模式存在的问题。

第三个困境是高校教师队伍的素质还不能满足创新人才培养的需求。一流的师资队伍是高校培养创新人才的关键，虽然现阶段高校教师队伍素质不断提高，但仍处于新老交替的高峰期，新一代教师学历高但缺乏教育经验，而教育经验丰富的老教师往往知识体系相对落后，二者对创新人才培养的集成优势还没有充分发挥出来。在一些研究型大学，具有高学历又富有创新性思维和能力的教授存在重科研轻教学的问题，同时教师队伍也存在着创新精神、创造能力不强的隐忧。新一代教师正是伴随高等教育改革过程成长起来的，知识体系、思维方式比较稳定，而创造能力不强，发散性、求异性思维不足，而要转变教师思维方式同样需要一个过程。虽然有些学校采取了避免"近亲繁殖"、引进海内外力量的措施，但也面临着本土化、适应性、接受性的更新和融入等问题。

第四个困境是高校缺少创新的文化氛围。有些学校把文化建设等同于文化活动，或把校园文化建设等同于学生业余文化生活。有些学校不重视学术交流，学生的学术视野不开阔，人文素养比较低。大学生社团虽然多，并占用了大量的课余时间，却没有提升和锻炼学生的实践能力、创新能力。

第三个问题，创新人才培养需要实现"四个突破"。

第一个突破：加强大学生实践教育，将目前的教育体系背景下的社会实践改革为社会经济发展背景下的生产实践。大学生实践包括两方面：实践教学和社会实践。大学现在越来越重视实践教育，在教学上增加了实践教学的学分，开展了系列的成规模的实践活动。而实践教育的形式仍需要改进，效果仍需要加强，增强实战和检验知识学习的自觉，切实转变为社会经济发展背景下的生产实践。这里要解决几个问题：加强实践教育，打通人才培养与社会需求的通道。另外要强化实践教学体系的建设，包括教学实验、实践教育等，要完善大学生创新性实践计划，把课题式实践题目转化为参与式的直接行动，同时鼓励学生积极参与行业、企业的生产研发项目，鼓励学生参与校内外教师的学术研究项目。

第二个突破：突破通识教育与专业教育相抵触的悖论。创新人才培养要注意从个性发展、个性特征入手，针对不同类型的人才实行不同的培养方案。目前大学教育常常在一种悖论中挣扎，一会儿有人批评大学已经成为职业教育的场所，一会儿又有人批评大学缺乏工匠精神的培养，这实际上是通识教育与专业教育如何结合协调的问题。首先，要确立创新人才培养的目标定位，创新人才培养的目标定位就是要使学生具备创新人才应具备的素质，包括知识、思维等智力因素，也包括能力、个人品质等非智力因素。与以往教学目标不同的是，创新人才培养模式的教学目标更侧重于能力以及创新思维、创新性个人品质的培养。其次，要科学设定大学知识体系结构，提倡"中医开药方"的严谨，使不同的课程、知识点、思维方式科学融汇，形成人才培养的体系性知识集合。现在存在的问题是缺乏科学合理的专业设计，头痛医头，脚痛医脚。重视通识教育就设法增加人文课程，实施大类招生，淡化专业划分等；专业技能培养不足就增加必修课。培养创新人才课程设置应遵循有利于学生创新素养生成的原则，对课程包括的知识结构、能力结构进行优化整合。最后，提高课堂教学的效果，课堂教学是学生知识的重要来源，我们必须保证课堂教学的效果。

第三个突破：做好知识教育、价值教育、审美教育的衔接。强化知识教育的基础性。人才培养模式包括三大要素：教学内容和课程体系、管理制度和评价制度，以及教学方法。传统人才培养模式在传承知识、促进教育发展上发挥了重要作用，要探索创新人才培养模式就要按照创新人才培养目标的要求对三大要素做出新的构建，既要保证知识传承的完整性，又要为学生形成创造性思维开拓空间。

要完善价值教育导向性。价值教育是人的道德行为养成教育，事关人生的方向和社会责任。高校在传播知识、传承文明、传递社会规则当中起着重要作用，大学生是直接接受者，也是塑造优秀品格和价值理念的示范者。从社会职能来看，高校是人才成长的制高点。培养学生正确认知社会规则，掌握专业知识和基本生活技能，秉持正确的社会行为规范，是对大学进行价值教育的客观要求。

要重视审美教育的崇高性。审美教育不是简单的对于艺术的鉴赏或者评判的能力，而是关注人的终极发展和生命意义的教育。审美意识的形成是人的独立人格的完善，审美教育可以培养学生具有思想家的视野和关注人类未来的博大胸怀。

第四个突破：要更新教育观念，把公立教育转化为生活教育和成长教育。教育的最高目标是教人做人。在强调创新人才培养的过程中，更应把教育的最高目标贯彻始终，淡化教育的功利性，回归生活教育和成长教育的本真。淡化教育的功利性需要科学设置评价体系。现代教育是一种制度化的教育，教育制度使所有的教育者、受教育者接受制度的审查和检验。传统的评价观只注重人才的选拔，正如美国著名教育心理学家布卢姆所言，多少世纪以来，世界各地教育强调选拔功能，教师与行政人员的精力都用于确定教学计划，每一个重要阶段都要淘汰学生，在这种导向下，评价机制就转化为淘汰机制。事实证明单纯以考试为手段的评价机制只能保证学生的相对公平，却不利于创新人才的脱颖而出。

创新是民族进步的灵魂，教育是民族进步的基石。《国家中长期教育改革和发展规划纲要（2010—2020年)》提出要创新人才培养模式。适应国家和社会发展需要遵循教育规律和人才成长规律，深化教育教学改革，创新教育教学方法，探索多种培养方式，形成各类人才辈出、拔尖创新人才不断涌现的局面。

淡化功利性教育，需要改变教学的形式。在教学过程中发挥学生能动性，在教学过程中让学生养成自我评价、自我控制、自我调节、自我完善的能力。淡化教育的功利性还需要突出知识、能力、素质三个维度的培养模式的构建，充分体现全面发展的教育理念。教育目标不能设定为培养精致的利己主义者，而是要突出"全人"培养的理念，使传授知识、积累知识、发展能力和提高素质并进。

知识是基础，是能力和素质的载体，没有知识，能力和素质就成为无源之水，能力是知识外化的表现，素质是知识内化的成果。从教育学角度看，能力和素质是知识追求的目标，一个有能力的人可以在一定知识基础上不断获得知识和创造新的知识，并在此过程中促进其综合素质的全面提升。

发展公平而有质量的教育

中国人民大学副校长　杜　鹏

党的十九大报告指出，我国社会主要矛盾已经转化为人民日益增长的美好生活需要和不平衡不充分的发展之间的矛盾。这一矛盾在高等教育大众化的今天具体表现为农村、贫困、少数民族以及中西部地区学生及家长日益增长的对优质高等教育的需求，同当前城乡间、地区间高等教育资源配置与发展不平衡之间的矛盾。习近平总书记提出努力让每个孩子都能享有公平而有质量的教育。"公平"与"质量"这两个词虽然简单，却是对我国长期以来教育发展中不平衡不充分问题一针见血的解读，彰显了党中央缩小教育差距的决心，体现了新时代教育改革的方向。特别是党的十八大以来，为保障高等教育机会公平，解决高等教育入学机会中城乡区域不平衡问题，我国实施农村和贫困地区专项招生计划，以此提高贫困地区农村学生上重点高校的比例。增加不发达地区获得优质高等教育资源的机会，实现了农村学生、贫困地区学生从"有学上"到"上好学"的转变，让一流大学承担更多发展公平而有质量教育的责任。我结合中国人民大学的招生与人才培养工作谈三点感受。

第一，专项招生计划有效促进高等教育的机会公平。

自高校扩招以来，高等教育生源出现多样化发展趋势，中西部地区学生、农村学生获得高等教育的机会都有了显著提高，但是城乡学生获得高等教育机会的不平等还长期存在。不同区域学生的入学机会差异依然明显，发达地区学生、城市学生获得了更多的入学机会，并且这种差异正由显性的量的不均等向隐性的质的不均等转移。专项招生计划的实施为农村和贫困地区学生提供了优质高等教育机会，弥补了他们在家庭以及以往学校教育上的不足，有效促进高等教育机会公平，使得进入重点大学的学习机会不再是少数人的专利。

农村和贫困地区专项招生计划具体包括国家专项计划、地方专项计划和高校专项计划三个子项目。中国人民大学作为教育部直属高校主要承担国家专项计划和高校专项计划。2012年学校率先自主实施"圆梦计划"，每年定向招收贫困地区学生以及边远贫困民族地区的农村学生近300人，中国人民大学每年本科招生2 800多人，这300人，占本科招生规模的10%以上。切实履行了作为一流大学为不发达地区提供优质高等教育机会的社会责任。

第二，专项招生计划是高等教育精准扶贫的重要举措。

当前我国高等教育进入大众化发展阶段，2017年高等教育毛入学率达到45.7%，在这样的背景下，高等教育的发展不再是一味地追求效率，应对公平与质量有更多的实践和思考。国家专项计划、地方专项计划和高校专项计划构成了我国重点大学面向农村和贫困地区学生倾斜招生的公平性政策体系，是高等教育精准扶贫的重要载体。这一政策高度贯彻了习近平新时代中国特色社会主义思想，稳步推进教育精准扶贫，重点帮助贫困人口子女接受高等教育，阻断贫困的代际传递，在我国扶贫攻坚中发挥着长远作用。

以中国人民大学为例，2014年实施高校专项计划之前，本科新生中农村户籍学生所占比例在15%左右，而政策实施后本科新生的农村生源占比有了显著变化，当年就达到20%以上。比上一年提高了5个百分点。这一系列政策既弥补了农村和贫困地区原有的基础教育的不足，又给予了他们未来良好发展的可能与机遇。同时学校通过就业引导、返还学费、奖励资助等多种方式鼓励学生学成之后回到家乡建设家乡，为家乡的经济发展做贡献，为农村和贫困地区培养更多高层次专业人才，形成良性循环。

第三，一流的大学教育能让每个孩子都有人生出彩的机会。

我校教育学院研究团队在全国多所重点大学开展了农村和贫困地区专项招生计划的学生成长与发展调查。调查发现，一方面专项招生计划学生普遍来自底层贫困家庭，是所在高中成绩优秀的尖子生，体现了政策倾斜招生的针对性。但另一方面这类学生通过获得不同程度的政策优惠进入重点大学，大学初期学业表现并不理想，而且存在着非认知能力的短板。专项招生计划学生大多是贫困生，并且容易转化为学困生。那么政策实施本身应该不止于解决寒门子弟的高等教育的机会问题，还应着眼于他们大学成长与发展的全过程。中国人民大学本着"早发现、早解决、多层次、重实效、强基础、促发展"的工作理念，在学生入学前就进行周密部署，制订此类家庭经济困难学生入学帮扶工作方案，推动资助政策发挥积极作用，坚决不让任何一个学生因家庭经济困难而辍学，同时以充分考虑学生尊严、精准回应学生需求、激励学生自强成才为导向，构筑起以经济资助、奖励计划、勤工助学、成长支持、心理辅导和朋辈学业辅导为主体的绿色成长支持计划工作体系，努力推动学生资助工作，及时高效地发挥育人作用，切实帮助到专项招生计划学生的成长发展。

高等教育处在学历教育的最后阶段。发展公平而有质量的教育不能仅仅依靠大学来完成，还需要教育行政部门与中学同人们的共同努力和配合。

第一，落实发展公平而有质量的教育主体责任，加强对困难家庭子女的关怀和帮助。发展公平而有质量的教育是各级各类学校共同的责任，在高中教育逐渐普及化的今天，既要不断提升各地区高中教育的质量，缩小城乡中学的教育差距，同时也要注重学校内部对于困难家庭子女的帮助，注重品德、心理、学业等多维度辅导，不可仅以学习成绩作为评价学生、分配奖励资助的唯一标准。

第二，积极做好政策宣传和服务支持，打通政策落地的"最后一公里"。现有的专项招生计划政策信息发布及报考途径均以网络为载体,但农村和贫困地区学生由于家庭经济条件的限制,无法便捷地使用电脑等设备,所以专项招生计划的落实更多地要依靠学生所在高中的支持与努力。高中和地方教育行政部门应做好政策宣传与报考指导,让每一名享受政策的学生知晓信息,给予他们相应的行政支持、条件支持和时间支持。

第三,促进中学与大学的信息沟通与政策衔接,打造零断裂就学帮扶通道。比起大学,高中更了解学生的实际情况,对于他们的学业成绩、综合表现、家庭情况等方面有着直观真实的判断,那么在招生与录取过程中更需要形成中学与大学的信息交流,这样既能辨别学生的真实情况,保证招生工作的透明公开,同时也能更好地实现学生就学帮扶的零断裂、全覆盖。另外特别要重视有关大学资助政策的宣传,不让任何一名学生因家庭经济困难而辍学。

第四,探索公平而有效的专项招生计划、人才选拔体系,加强大学招生过程中的政策倾斜。现阶段各专项招生计划的整体规则仍有待优化完善,政策的精准性仍需加强,专项招生计划面向的是农村和贫困地区的学生,在招录过程与专业投放中应充分考虑他们的特点、实际情况,在保证招生公平的前提下兼顾选拔效率,面向学生未来发展,进一步提升倾斜性政策的质量与针对性。

第五,重视专项招生计划学生的成长与发展,让每个孩子都有人生出彩的机会。教育的根本目的是立德树人,一流大学的教育责任是让每一名学生在大学期间把握好人生发展方向,扣好人生第一粒扣子。对于专项招生计划学生的成长与发展问题,重点在于如何给他们带来更大的教育增量,应把入学适应性教育、心理健康、学业辅导、非认知能力提升、就业帮扶等作为主要突破口,充分运用保障型资助与发展型资助手段,帮助学生真正实现人生的发展。

固本强基 守正创新

西安交通大学副校长　郑庆华

固本强基既强调基础教育的重要地位,又把中学基础教育和大学本科教育两者有机衔接起来。建设教育强国是中华民族伟大复兴的基础工程，必须把教育放在优先发展的位置。

我与大家分享三个方面的思考：一是我国高等教育现在所处的历史方位。二是当前大学人才培养面临的问题。三是以西安交通大学的实践为例看如何守正创新。

第一，我国高等教育现在所处的历史方位。

教育的强大是一个国家强大的基础和支撑。高等教育起源于英国剑桥和牛津，现在已经有800多年的历史。正是因为高等教育的创立，英国在中世纪以后快速崛起，成为当时头号资本主义强国，培养了牛顿这样伟大的科学家、莎士比亚这样的文学家。1810年以后德国高等教育也快速崛起，特别是洪堡将研究生教育体制引入高等教育，把高端人才的培养和科学研究融入大学的功能和使命当中，使得德国后来者居上，超越了英国。美国虽然建国比较晚，但是发展也非常迅速。特别是20世纪中叶以后，英国教育体系以及德国的研究生教育体系被迅速引入美国，使得美国后来者居上，成为至今为止世界上最强的高等教育国家。通过历史简要分析可以得出这样的结论：经济解决的是今天的问题，科技只是解决了明天的问题，只有教育才能解决后天的问题。

虽然说我们已有若干学校进入世界一流大学之列，但是客观上讲，我们离世界一流高等教育的差距还非常大。美国哈佛大学有380多年的历史，培养了8位美国总统，157位诺贝尔奖、18位菲尔茨奖、14位图灵奖获得者。2009年考夫曼基金会做了一个调查，世界上另一所最强的理工科大学麻省理工学院校友创办了25 800多家企业，包括惠普、道格拉斯等这些顶级创新企业。这些企业创造的价值超过2万亿美元，当时比印度一个国家的国内生产总值还多，在世界上可以排第11位。这就是高等教育之间的差距。

我们国家的高等教育呈现这样的特点：规模世界第一。但是我们国家的高等教育存在发展布局不平衡、发展不充分的根本矛盾。大而未强，在由大向强的发展历史性转变中，我们国家培养的世界级领军杰出人才的数量，还没有起到大国应有的引领作用。科技长期受制于国外的局面还没有从根本上得到解决。

我们非常强调学术创新,而学术创新成果体现之一就是论文数量。数量方面,我们在2016年年底就已经超过了美国,美国当时是40.9万篇,我们是42.6万篇。但是论文不仅要有数量,更要有质量,而重数量轻质量的问题在我国还没有得到根本性扭转。除此之外,一个国家高等教育是否强大还要看其世界范围内的深远竞争力。

第二,当前大学人才培养面临的问题。

影响高等教育质量的因素,既有高校内部因素,也有外部因素。特别是像社会的价值取向,整个教育系统的办学理念、校园文化、校风学风、办学条件、资源投入、培养方案、评价方式等,都是影响人才培养的重要外部因素。从教书育人的角度来说,教师的职业素养、师德师风、教学能力、经验技巧、教学内容、方法手段,对人才培养质量具有十分重要的决定作用;同时学生本人的学习目标、价值取向、学习兴趣以及大学学校采用什么样的评价体系,对人才培养质量也具有重要影响。基于这样的分析,我们可以看到中国教育从幼儿园到大学的确还有很多值得关注、重视的问题。比如说,幼儿园把好孩子定义为听话的孩子,中小学在很大程度上还是应试教育占主导地位,大学也存在重知识传授,缺价值塑造、能力培养的问题。

我们认为大学主要面临四大方面的问题。

首先,价值理念和导向的问题。我们过分重视智力教育、应试教育,忽视了学生人格、心理、情感方面的培养。学生的人文底蕴和价值追求不高,缺乏批判精神、独立思考、敢于质疑的精神。学生对应付考试、获取证书、找好工作比较感兴趣。当然这都是统计数据,也不排除一部分同学有远大的志向和抱负。还有总体上重育才轻育人。人才人才,是先人后才,至少是人和才并举。但是我们很大程度上都把学习成绩作为量化的主要评价指标体系。所以我们国家的教育总体上呈现"才"的维度均值高,大家学习成绩好,方差小。而"人"的维度,也就是品行素养方面均值小,方差大。也有一些学生德才兼备,但是也有学生德和才都不行。

其次，大学培养模式问题。我们的专业设置难以适应面向国际科技前沿、面向国民经济主战场、面向国家重大需求的要求。过分细化专业，过分强调专业教育，专业设置在很大程度上延续了或者是参考了苏联的办学模式。但是这样培养出来的人才由于知识面窄，人文底蕴创新能力不足，难以适应新时代创新人才的需要，这是一个客观事实。

再次，我们大学、中学大多采用以教师为中心的单声道的教学方式的问题。美国加利福尼亚大学洛杉矶分校的辛迪·范（Cindy Fan）教授在参加中国本科教育评估的时候，对中国的大学课堂做了这样一个评价，课堂分为五种类型：第一种是非常安静，教师掌握整个课堂，学生安静地听老师讲。第二种是老师提问题学生举手回答，或者老师指定学生回答。这还是教师主动。第三种是交互互动。第四种是对话。第五种是争论。为了一个学术观点老师和学生可以争论起来，这才是培养了创新思维、思辨能力，敢于质疑的品质和勇气。

最后，信息时代下新技术的应用问题。我们要高度重视"互联网＋"、"人工智能＋"、大数据对于高等教育乃至基础教育的重大影响。

第三，以西安交通大学的实践为例看如何守正创新。

西安交通大学做了一些探索和实践。我们学校创办于1896年，1956年根据国务院决定内迁西安，自此，"西迁精神"成为知识分子爱国奋斗的崇高精神。今天，面对新征程、新使命，我们需要在知识分子中弘扬这种传统，激发这种情怀。西安交通大学为民族振兴而生，为国家富强而立，为时代进步而歌，培养了一大批治国理政的政治家、科学家、学术大师，应该说是我国高等教育发展的一个缩影。2016年，神舟十一号两位航天员，景海鹏和陈冬都是西安交通大学的学生。长征五号的总指挥王珏也是西安交通大学1979级的校友。

西安交通大学的改革总体上是围绕"四位一体"的教育质量观开展的。我们认为要把品行教育（品德行为教育）作为人才培养的第一责任，把知识传授、能力和创新思维培养作为大学教学的核心任务。围绕这样的基本理念我们推出了八项举措，包括：立德树人，成立本科生院，破解教育与育人割裂的难题，建立通专融合培养体系，建立创新创业实践育人新平台，建立"一拔尖六卓越"的新机制，还有"一带一路"国际化人才培养新范式，"互联网＋"、"大数据＋"、AI创新教育教学，建立教育教学质量大数据评价、绩效考核制度体系。

我们有"四个一百"计划，所有进入西安交通大学的学生都要阅读100本经典书籍，聆听100场报告，认识100位老师，参加100场活动。西安交通大学的图书馆是高校中唯一一个24小时开放的图书馆。交大制定了课外8学分体系，包括学生最基本的表达沟通能力、中国传统文化、创新思维、职业生涯规划、组织领导能力、公民责任体系等，注重培养学生学术兴趣、科研兴趣以及国际视野。同时我们在体制机制上，把教学和学生工作两支队伍进行了融合，形成了第一课堂、第二课堂相融合的四位一体育人目标体系。本科生院最根本的任务是实现了"六大转变"。所有的新生进入西安交通大学以后，都按照1∶20或1∶30的比例配备学业导师。学生一年级以后，由学生和学院双向自主选择专业，全面实行学分制，学生可以自主选课和选老师。这样一种机制使得老师和学生共同敬畏课堂。鼓励优秀的学生积极辅修第二专业。基础课程全面实行第三方教考分离。20多门基础课不是老师自己命题，而是委托其他大学来做。这样就从根本上解决了左手考右手的问题，使人才培养质量比较过硬。另外，优秀的本科生大三以后可以直接选修研究生和博士生的课程，把本、硕、博培养体系彻底贯通。我们还建立了一套教育教学质量实时监测大数据平台。这个平台融合第一课堂、第二课堂的全部数据，早上8点我们就知道哪些学生没有去上课，哪些学生还在食堂吃饭，每天采集的数据达到300多万条。通过大数据平台实现四大转变，从过去的模糊宏观到现在的量化精准，从过去的期中、期末两次考查变成天天常态持续考查，从部分随机到全面覆盖，从过去的以分数终极性评价变成全过程跟踪。我们认为这不仅仅是手段方法的变化，更重要的是理念的变化。人才培养质量通过这些手段有了明显提高。

大学中学衔接培养创新人才

北京建筑大学校长　张爱林

2008年的第二届峰会我参加过，对这个活动印象深刻，这次也特别愿意参加研讨。

大学中学应该怎样衔接培养创新人才？要用新理念、新思想指导衔接新时代大学教育和中学教育。

大学是立德树人的地方，要培养德智体美劳全面发展的社会主义建设者和接班人。从幼儿园到博士，我们的理念和方向应该是一致的、一贯的，而不是碎片式的、割裂的。立德树人这个根本要求、根本任务是全过程的。从幼儿园开始，以学生为中心的成长、成才的全过程首先是要健康成长、成人。

要用五大发展理念建设教育强国。第一是创新。习近平总书记在十九大报告中多次讲到"创新"这个词。因为创新是引领发展的第一动力，而且也是我们的第一短板。创新体现在教育领域就是要更新各个层级的教育发展理念，必须用新理念统领。第二是协调，现在的格局还存在不协调之处。第三是绿色，大学就是新生态发展的榜样。第四是开放，中学和大学都要向社会开放。第五是共享，现在国家各个部门把大学作为开放实验室和学科基地、科普基地。

要立足当前，把准未来的教育导向和问题导向。要看清教育为未来储备人才这一时空逻辑。幼儿园培养的人和大学培养的人都是给未来培养的，可能要五年、十年甚至二十年以后他们才能真正成为祖国的栋梁。中学、大学都要按照这个逻辑，面向未来对他们进行培养，使他们成才。

对教育而言，重要的是开放和国际视野。必须要用世界眼光、国际标准、中国特色、高点定位去定位教育。教育在知识体系中要有分工，但必须是全过程的衔接、全过程的思考。

为高等院校输送更多优质生源

河北正定中学校长　周　庆

大学和中学的有效衔接使莘莘学子学习更有主动性，使拔尖创新人才的培养更有连续性，使普通高中教育的发展更有方向性，使正在全国逐渐推开的新一轮高中课程改革更有实效性。

1902年，在北方地区有着广泛影响的两个学院（正定府学、恒阳书院）合并，改制为新式学堂，开启了河北正定中学百余年近现代教育之旅。河北正定中学始终秉承"明德、笃学、强身、报国"的校训和"身正心定、宏中博学"的正中精神。

制度立校是基础，是规范办学的重要保证。文化立校是目标，是办学境界的最高追求。特色立校是手段，是树创品牌的有效举措，而业务立校是根本，是内涵发展的必然选择。我们的定位是旗帜鲜明地办学术型高中，要通过拔尖创新人才培养，为高等院校输送更多更好的生源。重点高中不是职业学校，多才多艺是我们对学生更高的期许，但是这种才艺必须建立在雄厚的科学素养和人文素养之上。所谓的素质教育绝不能以牺牲孩子们的学业成绩为代价。让学生具备完整的知识结构和完善的能力结构是我们一直坚守和恒久追求的目标。

多年来在业务立校的探索过程中，我们有很多思考。作为校长，是让学校所有的工作围绕高考开展，还是将高考作为学校育人工作的一个有机组成部分？这是两种完全不同的管理理念。一直以来，河北正定中学将高三工作置于全校整体工作的大盘之中，将高考作为提升办学水平、办学层次的重要手段和环节之一，让高考备考随着学校整体工作运转，而不是学校所有的工作都围绕高考备考开展。这种做法既能均衡配置校内资源，又能有效地整合各方面的智慧和力量，使高三的备考不至于走向功利化和短视化的歧途。

高考绝不是孩子们奋斗的终点，着眼于学生未来20年的发展理念，让我们进一步丰富了业务立校的内涵。多年来，我们着力开展了7个领域选修模块课程，推行校本学分，德育选修系列、成长课、校史课、职业规划课、家长课堂等自成体系。为提升学生的科学素养和工程设计能力，2015年我们引进美国STEM课程，积极探索和建立适合正中校型的STEM体系。为了让学生近距离接受专家、教授、大师的引领，开阔眼界，同时让学生能够发现自己的兴趣爱好和特长，挖掘潜能，培养他们的创新精神和科技意识，我们开设了"百年讲堂"，邀请大学的专家教授来校举办讲座，同时组织优秀学生到著名高校游学。仅2018年春天，通过"著名高校正中行"这一活动，我校先后举办了53场由高校学者主持的专题报告，报告主题从人工智能、大数据再到职业规划，几乎包括了当今科技创新和学术研究的所有热点话题。

多年来，河北正定中学的孩子们用身心全面发展的事实证明，重点中学的学生不是学习的机器，而是具有感知力、理解力和创造力，个性鲜明、朝气蓬勃的年轻人，孩子享受学习、享受竞争、享受成长，充实而快乐。提高高考成绩的路径有两条：一是着眼于学生，让学生高频次、高密度地练习，达到见多识广、熟能生巧的目的；二是着眼于教师，通过教师高层次点拨，专家式引领，精准化辅导，个性化纠错，打造一种高效低负的教学模式和备考模式。

师资是业务立校的重要保障。河北正定中学的老师来自全国多所著名高校，高层次的学历结构、年轻化的师资队伍是我们在区域教育竞争当中取胜的优势和法宝。多年来，我们致力于打造多元化的师资队伍：地域分布多元化、毕业院校多元化、学科结构多元化、兴趣爱好多元化，使我们的培养方向更加明确，使每一位老师的教学特色更加鲜明。在教师队伍建设方面，我们鼓励教学创新，鼓励著书立说，鼓励外出讲学，努力打造管理型名师和学术型名师。

有了好师资绝不等于有了好成绩。作为校长还必须营造一种业务立身的浓厚氛围，不仅要做到人尽其才，各展其志，还要让名师们在竞争中合作，在合作中共赢。多年来，我们实行学术委员负责制、培训学分制、教师个性化目标责任制、校内督导评估制、第三方评价捆绑制度，以及名师工作室、校长特别奖等，让功勋教师有荣誉、骨干教师有地位、后进教师有激励、年轻教师有追求。自

2012 年起，我们每年选派不少于 10 名教师赴美国、英国等国家进行 21 天的培训。每年派出近百名优秀骨干教师到北京大学和北京师范大学等高校进行高端定制培训，不仅开阔了教师的视野，提高了他们的教学科研能力，而且在和大学对接过程当中实现教育的新增长、新发展。我校与清华大学联合建设微观化工反应实验室、与北京大学合作建设虚拟仪器实验室等共 12 个科技创新实验室，这成为孩子们科技素养提升的重要阵地。

教师是办学主体，学生是办学的主人。业务立校的成果最终要体现在学生身上，只有教师的付出还不足以支撑业务立学的根基，只有学生发展才能使这个理念很好地落地。我对学生们讲，要以积极的心态面对竞争，培养一种"初生牛犊不怕虎"的信心；以务实的努力投入竞争，培养一种脚踏实地勤奋扎实的学风；以顽强的意志坚持竞争，培养百折不挠愈挫愈勇的品质；以科学的方法赢得竞争，培养一种探索规律、创新突变的能力。在高三毕业誓师大会上我对学生们说，不参与竞争，你永远不知道自己有多强大，不经历高考，你永远不知道自己有多优秀。不畏强手，事事必争第一，是正中人的气度，享受竞争，笑看千帆竞是正中人的风范。

从以上育人模式着眼点、师资建设着力点和学生成长的关注点可以总结出，业务立校是基于教师专业成长的办学之策，是基于学生成才的治校之方，是基于师生激励机制之上的管理方法，是基于提升办学质量的价值目标。

业务立校既是一种理念、一种精神，更是一种追求、一种行动。业务立校不是一句空话。我们有十项标准，在标准实施和践行中有力地促进拔尖创新人才培养。如果说正中是一所在区域内有影响力的名校的话，我们认为名校之名源于四个方面：特色课程和管理、享誉远近的名师、个性化的教育追求以及成绩卓著的校友。学生是我们最大的财富，我们不是骄傲于孩子们走进正中时的分数，而是骄傲于他们走出正中时因三年历练而变得更加优秀。我们的发展规划纲要最后一章写到正定中学学生行动纲领：正中的学生思想特质是诚实守信、勇于担当、懂得感恩、胸怀天下，具有鲜明的文化底色和儒雅的领袖气质，成为未来社会的领军人物和杰出人才是他们对辉煌人生的基本期许。正中的学生全面发展有特长，质朴无畏，敢于竞争，追求卓越是每个正中学子的自觉行动。正中的学生具有高雅的情趣和健康的心态，他们具有欣赏美和创造美的能力。这种能力叠加在优异的学习成绩和良好的学科素养之上，一定能够助力他们成为未来社会的名家和大家。

聚焦三位一体整体培养

吉林新教育集团总校长　李　桢

怎么培养创新人才？我个人理解，要聚焦"三位一体"整体培养。从小学一直到高中就做一件事，从小学一年级开始到高中三年级结束，要完成"三位一体"的建构。

一是体现学生认知思维自主性建构，在课堂教学当中体现学习的自主性，而不是在课外的"边角余料"活动中。二是实现社会实践交往的建构，在社会性学习当中体现出合作交流能力。三是实现历史文化人文精神的建构。

每个学生都深受当代民族国家历史文化的影响，鲜明地打上了国家、民族和社会的烙印。所以学生的思维模式完全用西方思想和规律来套是不科学的，要做本土化改造。在一个创新人才的身上，无论是幼儿园、小学还是初中、高中，他的认知思维建构、社会实践交往的建构和历史文化人文精神的建构是"三位一体"的，而不是分离的。

我们对每个知识点的讲授都应该体现"三位一体"的建构，每个课上课下活动都要体现出一致性。如果在这种建构当中孩子们体现了敢于质疑、敢于批判、敢于自主选择、敢于表达自己的观点、敢于和同伴相互讨论确定优化方案的话，我想这样的孩子既具有自主发展能力，又具备雄厚的知识基础，同时他知道要做什么、怎么做、能走多远，知道国家、社会、家庭和学校赋予自己多少，还有多少需要靠自己努力获得。

如果孩子们从小就对这样的问题有这样的思考，我想我们的学校教育就是有意义的，教育回归本质不忘初心的前行之路就是值得的。我们期待着在这条路上继续探讨人才培养的核心要义，和大学做好衔接，为我国科技创新人才的培养做力所能及的事情。

大学与高中人才培养机制的思考

山东省牟平第一中学校长　李丽云

山东省是教育大省，也是高考大省，基础教育改革也一直走在全国前列。牟平一中是一所办学底蕴深厚的学校，其办学经验曾经荣获国家基础教育成果二等奖。作为一个普通的基层高中的校长，我谈谈自己关于做好大学与普通高中人才培养机制衔接的思考。

新高考录取模式对高中影响巨大。对高中来说，它改变了高中的育人模式，从传统的教育教学模式开始真正向促进学生全面个性发展转变。而对高校来说它的影响也是非常深远的，高考的招生录取方式由以高校为录取单位转为"专业＋学校"的录取模式，这会对部分学校弱势专业招生造成严重的影响。

在这样的背景下，我认为大学与普通高中衔接培养包括以下三个方面的基本内容：

基本内容一：学科知识传授。目前高考命题越来越倾向于学生的学科思维和学科素养，这与高校的培养目标是一致的。而在学科思维和学科素养的培养上，相较于普通高中，高校更具有优势。但如果同时在高中学校进行学科素养培养，则能使学生深入了解学科和专业，实现学生职业生涯的科学规划。

基本内容二：进行大学适应性教育。有调查表明42.1%的大学新生不能适应大学学习环境。92.9%的大一新生都面临着改变自己已有的生活习惯的难题。这在一定程度上导致学生失去目标和方向，降低学生学习的积极性。

基本内容三：大学生基本素养教育。刚才也有大学校长提出这个问题，普通高中和大学的学习环境、生活环境的巨大差异，要求进一步提升学生的自我管理能力、学习能力、自我规划能力和独立生活能力。

《国家中长期教育改革和发展规划纲要（2010—2020年）》提出树立系统培养观念，推进小学、中学、大学有机衔接，教学、科研、实践紧密结合，学校、家庭、社会密切配合，加强学校之间、校企之间、学校与科研机构之间合作以及中外合作等多种联合培养方式，形成体系开放、机制灵活、渠道互通、选择多样的人才培养体制。国家政策的制定为大学与高中培养机制衔接提供了政策依据，使大学与高中人才培养机制的衔接更加可行。但目前我们并没有从制度上界定大学与高中衔接基本工作当中各自明确的基本职责，所以说离政策落到实处还有较大的差距。

我认为做好大学与普通高中人才培养衔接机制的途径有三个：课程、教学和教育资源。

一是构建课程开发和实施体系。课程既是教育的内容，更是教育的载体，学生培养目标的落实必须通过课程来实现，大学和高中可以围绕教育目标系统构建课程体系，解决目前大学生在学习当中面临的突出问题，同时借助高校强大的师资力量，通过课程强化学生的学科思维和学科素养，实现大学、高中的共赢。

二是高中要借鉴大学的学习和教学方式。高考就是我国人才选拔的指挥棒，从近两年高考命题可以清晰地看到，对学生的考察已经开始由知识向能力转轨。通过刚才对高校和高中培养目标的分析可以看出大学自主学习、主动学习的学习品质比现在高中学校传统讲授的方式有更大优势。只有通过教学方式的改变，改变学生的学习方式、学习习惯，提升学生的学习能力和学习品质，才能真正让学生符合现代社会对创新人才基本素质的要求。

三是共享高校的优质教育资源。高校优质的师资、优越的实验条件、丰富的课程和浓厚的文化氛围等都是普通高中学校无法比拟的。目前不少高中与大学建立了非常紧密的联系。开放大学的实验室，大学教师参与高中校本课程的开发、生涯规划设计等，将极大提升学校办学品质。我们有一个航空五校联盟，每年给山东省的高中学校下派指标学习。作为基层高中校长，我非常欢迎这类活动，那真是给学生开阔了眼界。只有通过正规的体验教育，让学生深刻地感受到知识以及科学发展的力量，才能系统地培养他们的科学精神、创新意识，这些都是我们高中学校非常欠缺的。

在大中衔接的实施落实上，我们欠缺非常扎实的基础。第一，没有明确的法律和政策的规定。《义务教育法》《高等教育法》等都没有对大学与高中以及小学与初中的各个学段的衔接做出明确的法律责任的界定。这直接导致实施主体不明确，责任不清晰，实施标准参差不齐。由于没有政府主导，大学高中学校人才培养机制衔接成为各学校的自觉和自主行为，工作时效性差。第二，需要建立完善的实施经费保障。大学和高中学校的人才培养衔接是政府行为，所以应由政府要求学校统一实施，并且提供实施的经费，从而保证实施的效果。第三，要建立富有弹性的高等教育体系。目前我国高等教育体系、教育对象、教育职能相对固定，大学普遍不重视与高中人才培养的衔接工作，普遍缺乏工作的主动性、积极性。只有通过一定的政策制度约束，将衔接工作纳入大学工作职责，才有可能将高中学生也作为其教育对象，才能保证真正将大学与高中的人才培养衔接工作落到实处。在政府主导下构建高校与高中新型合作关系，必须做到大学与高中教育的有效衔接，必须明确大学与高中之间人才培养衔接机制的载体。

第三节　破解学段分离机制瓶颈

打破基础教育与高等教育间的藩篱

陕西师范大学副校长　党怀兴

陕西师范大学有得天独厚的条件能与基础教育衔接、与基础教育协同育人。现在的问题是，基础教育和大学之间这个藩篱很难打破。如果中学和大学协同多了，搞了一些大学的课程，搞了创新的项目，学生考试成绩就不行了，家长也不愿意。

师范大学和中学的衔接是天然的，因为师范大学是给中学培养老师的。陕西省一直在做"春笋计划"，就是大学和中学携手培养拔尖创新人才。高校的研团队特别是高校的实验室向中学生开放。引导高中生较早地进入高校的实验室参与老师的相关课题。这已经成为陕西省人才培养的亮点。这个项目实施以来，陕西省有24所高中、2 000多名高中生参加了研究学习。2014年，陕西师范大学与普通高中联合培养创新人才的实践项目，获得了国家教育成果二等奖。这个项目是由我们学校的专家负责的，可以向全国各个学校推广，让感兴趣的学生早点进入实验室。

大学培养什么样的老师，不能只由大学说了算，应该听听基础教育的需求。我们学校在师范生的培养上，和东部优质的、一流的实习基地合作。我们的学生在东部实习，在西部就业。

陕西师范大学组织基础教育改革的专家和杰出教育专家共同探讨基础教育平台的改革，组织师范生通过观摩基础教育课堂和考察课程教育现状深入了解基础教育现状。师范大学要探讨基础教育改革问题，还要和中学联合开展一系列的研究，携手推进中学及师范大学教学能力的提升。

教育培养模式要强调立德树人

江苏省泰州中学原校长　蒋建华

教学培养模式需要紧紧围绕立德树人这一根本任务。培养什么人、怎样培养人、为谁培养人是教育的根本问题。我们关注创业人才培养，首先要反思，我们培养的这些人才是不是真的成人、成才了。我认为，成人、成才首先侧重人的素养、责任、品质。

责任教育十分重要，但往往责任教育很容易缺失。曾经有人讲"空心人"，就是指责任心的缺失。所以我们要强化责任教育，共同引航责任人生，要传承中华民族世代相传的责任基因。"天下为公，选贤与能""为天地立心，为生民立命，为往圣继绝学，为万世开太平"等一系列至理名言流传至今，成为中华优秀传统文化的价值底色。在我国优秀传统文化中，责任是不可或缺的部分，可以说是民族之魂，责任担当是精髓所在。自古以来，我国无数仁人志士的责任意识彰显"国家兴亡，匹夫有责"的责任担当。中国传统文化中的君子文化也涉及责任品行。担当有三重境界：勇于担当，敢于担当，善于担当。要懂得负责任，要有负责任的本领，更要有担当精神。

要切实转变创新人才培养观念。到底什么是创新人才？我以为心中有责方为才，要有新担当、新作为、新理念，必须把担当精神融入进去。责任心也就是我们说的责任感，指的是个体积极履行责任的态度、行为倾向。我们有智商教育、情商教育，还有很多方面的教育，其中还应有责商教育，也就是责任方面的教育。我认为责商教育是大计。责商教育是以提高各级责任体系掌控能力为出发点和落脚点的社会活动。有责任心是人或者说创新人才的重要标志。比尔·盖茨曾经说过"人可以不伟大，但不可以没有责任心"。一个人如果没有责任心，将一无所成。一个负责任的人容易取得成功，一个不懂得负责任的人，你还指望他对事业负责吗？一个不负责任的人还能够指望他成就大义吗？有一句俗语"责任心是金"，仅凭聪明的大脑就认为他是人才，这是不够的，缺乏责任心的人算不上人才，这就是责任教育的价值。人的素养和责任品行怎么有机结合，是中学大学共同关注的话题。

要有"心有大我，至诚报国"的责任情怀。现在我国的人才培养是有成效的，但也有令人担忧的方面，特别是看到我国人才流失问题。我认为没有责任心，再有本领的人也算不上优秀的人才。作为一个优秀人才，要有以报效祖国为己任的这种责任情怀。习近平总书记谈到的构建人类命运共同体，就是我们的职责所在，而创新人才也要能够肩负这样的时代使命，真正成为有思想、有情怀、有担当的人。我国知名科学家钱学森、邓稼先等，他们的共同点就是对国家有深厚的感情，有报国的情怀。大学中学衔接过程中，要注重培育学生的家国情怀。

总之，创新人才不可缺失责任指引，创新人才不可缺失责任教育，在大学中学共同营造责任文化，推进责任教育，形成责任品质，是必然要求，也是不可缺少的重要部分。要建立一个责任教育平台，共同构建责任教育体系，课程的改善、文化的引导、品德的培育、考核的机制等一并都要考虑进去。

建立优势互补的教育机制

河北衡水中学副校长　王建勇

河北衡水中学始建于 1951 年。在发展过程中，衡水中学得到了社会各界以及各高校的大力支持。同时社会上也存在对衡水中学质疑的声音，迫使我们不断改革、不断完善、不断前进。

对于中学来说，创新人才的培养，最重要的是向内下功夫。如何激发学生的学习兴趣，如何增强学生的内动力，如何提高学生的学习主动性，如何培养学生独立思维和创新能力。这几年我们大力发展素质教育，全面提升学生素养，各项活动有序推进，不断探索人才培养新模式。

做好高中教育和大学教育的有效衔接，推进教育系统化，也是完善教育职能的重要途径。这个峰会让更多的高中和高校可以从彼此不同的角度来观察高中人才培养的现状和高等教育现状。基础教育怎样改革？基础教育阶段学生受到家长、学校的压力较多，升入大学以后，社会上的诱惑暴露在学生面前，学生的思维也由具体形象思维发展到抽象逻辑思维。为此我们建议，高中和大学应建立共同的育德机制。新高考改革当中的综合素质评价问题，就包括学生的思想品质、社会实践等。为了应对高考的变化，大学也应该加强综合素质的考核，特别是在大一阶段。大学辅导员应该强化对学生的具体指导，既要注重思想的引领，也要注重对大学生行为的规范。让学生由自律走向自觉，从开始就养成良好的习惯。

要建立优势互补的教育机制。中学教育和大学教育有差别，但根本目标是相同的，都是为国家培养优秀创新人才。特别是在新高考改革背景下，考生需要得到更多的帮助，在充分了解自己的前提下，慎重选择自己未来的发展方向，对此高中、高校要更加密切地相互支持，互补共融。比如说大学先修课程开发，可以满足学有余力的拔尖学生的发展诉求，为大学选拔人才提供重要的依据。建议增加参与开设大学先修课的数量，提高中学教学的参与程度。同时大学根据高中教育的不足，调整课程内容，创立适合学生实现知识转变的模式，使学生尽快融入大学生活，成功实现高中生向大学生的转型。

要建立携手共建的培训机制。大学是这样，中学也是这样。高校可以充分利用自己的资源优势为高中教师队伍建设服务，建立规范的教师培训机制，让更多的高中教师走近教育家或者成为教育家。让大学知名教授或者老师成为我们中学的名誉老师或者指导老师。

要建立互利共赢的科研机制。高校根据实际情况，把双一流内涵延伸到高中，共建科研平台。高中可以利用大学的一些优势学科，与其合作，做一些衔接的课题，这样不仅可以帮助解决高中办学过程中的实际问题，而且可以解决高中人才培养问题。

要建立合作共进的文化机制。双方定期举办交流活动。每年我们在 10 月份都要举办著名大学衡中校园行活动。通过这个活动让大学教师进入中学校园，提前为中学生把脉，加强中学生对大学的了解，帮助他们做好科目和专业的选择。

要建立联合共享的评价机制。中学和大学可以探索一种联合评价机制，建立一个评价监测体系，进一步明确各自的培养目标、培养方向，培养出适应时代的人才，高校也可以建立反馈机制。在教师的培养方面，中学和大学也要经常沟通。做一名合格的衡中教师，有四个标准：一是要有良好的师德；二是要有精湛的教学技能，就是师能；三是要有高超的师艺，讲究教学方法、教学艺术；四是要有幽默感，有磁性的教学语言，就是师言。

大学与高中应当加强对接合作。大学应该多走进高中，高中也要多走进大学，让中学生多了解大学，进行科学规划，向往高校。

大学中学衔接的内涵十分丰富

《中国教育报》山东站副站长　张兴华

衔接有着丰富的内涵，具体体现在以下四个方面：

第一，文化衔接。这对大学和中学来说都有很重要的意义。文化包括三个方面：一是家庭文化。我曾对200名学生进行了跟踪研究，结果显示家庭文化对学生影响很大。二是学校文化，具体一点就是班级文化。教师在班级当中营造的文化氛围，对学生的发展也起着至关重要的作用。三是社会文化。我们教师能做的是营造一种很好的班级文化。如果是校长的话，可以营造一种很好的校园文化，或者说中学文化。而社会文化也有着非常重要的影响。

第二，放手衔接。中学的痛点在哪里？我觉得还是无用功太大，无效学习太多。要做好衔接的话，首先培养中学生的学习能力。在学习方法上要在强调学生的学习立场上下功夫。

第三，师资衔接。从办学的历史上讲，基础教育也就是中小学的历史非常悠久。正因为如此，我们基础教育的质量在国际上还是得到认可的。而大学办学历史比较短。如果说基础教育是一个青年的话，那么大学才是一个儿童。所以不要认为高等教育"高大上"，它也存在许多的短板。师资需要衔接，高校教师要深入到中小学去，特别是师范类的教师，可以挂职。我们做过一个双序的实验，过去讲的是循序渐进，这个序是知识序，现在是把知识的序和心理的序结合起来。这就是高校和中小学在师资上的一个衔接合作。

第四，课题衔接。也就是大学和中学一起研究课题。山东省有7所高校进行了改革，以构建立德树人的体系。一是纵向贯通，基础教育和高等教育的贯通。二是横向联动，社会、家庭、学校的联合。还有六大德育导向、九大措施。在课题上共同攻关，是大学中学研究的一个重要内容。在这方面做好衔接，同样非常重要。

从素质教育的角度谈大学中学衔接

北京理工大学人文与社会科学学院教授　庞海芍

大中小学强调的素质教育确实不太一样。中小学主要是解决应试教育的弊端。部分大学里有这样一种现象，一入学、一上课学生就问考什么，紧接着到期末就期待画重点。这就是典型的应试教育的学习方式。课程要考试，学生要有好分数。其实大学老师不怎么重视这些，而更重视学生的综合素质。素质教育轰轰烈烈，应试教育扎扎实实，大学中学衔接就成了问题。

大学有三大变化：第一大变化是人才培养理念。过去是培养专才，现在要培养"全人"，有健全人格的人。

第二大变化是通识教育课。大学课程对中学开放，我想更容易开放的是通识课程。选修课从原来没有到 20 世纪 90 年代开始开设，再到现在开设少的有 100门，多的有 300 多门，可选择余地很大。

第三大变化是人才培养模式改革。大学的通识教育、宽口径的教育模式等改革，带来了很多益处。大一不分专业，大一结束之后再选专业，综合考量高考和大一的成绩，还有综合表现。学生进入大学适应后先了解自己喜欢什么，再确定往哪个专业方向发展。包括书院制，中学时学生一直住在家里，到了大学把宿舍变成温馨的家，当然，宿舍不仅仅是睡觉的地方，也是教育学习的场所。从素质教育的角度谈大学中学衔接也非常有意义，素质教育是国际发展趋势。

我以社会责任感为例讲怎么衔接。初中和小学的思政课一般都很生动有趣，孩子们也很喜爱。到了高中思政课的应试性增强了，到了大学感觉这些东西都学过，学生就有些抵触。大学生的核心素养，比如创新思维、国际视野、领导力、审美等，可能是从小学一直贯穿到大学的。每个阶段到底培养什么，这个确实非常值得研究。

第四节　拔尖创新人才培养模式

高度重视拔尖创新人才的培养

北京舞蹈学院党委书记　王旭东

大学校长和中学校长能坐到一起的机会不多。每届峰会都把创新人才作为话题，一方面显示了这个话题具有特殊意义，非常重要，另一方面也可看出主办者对这个话题的执着，这是非常有意义的。本届峰会与前四届相比有不一样的背景。中国特色社会主义进入新时代以后，对拔尖创新人才的需求应该说比以往任何时候都强烈。在这样的背景下探讨创新人才培养具有特殊意义。实际上近年来学界十分关注创新人才培养这个主题，在中国知网上，以"创新人才培养"这6个字为主题就能检索出2万多份研究成果。可以说，创新人才培养并不缺乏理论上的阐释，更重要的问题在于实践层面的落实。对于中学和大学来说，最重要的是在实践层面上怎么推进，如何落实。

讲到创新人才培养，实际上有两方面内容：一是普遍提高学生的创新素质，各个学校都推出了一些改革举措。有这样一个普遍的认识，中国的学生，在基础知识方面，还是比较扎实的，但创新方面不足，所以普遍提高创新素质，是创新人才培养非常重要的任务。二是创新人才培养重点是培养拔尖创新人才。对一个民族、对一个国家来说，培养拔尖创新人才是非常重要的教育任务。

推进创新人才培养，特别是拔尖创新人才培养，在实践层面有很多困难，许多中学校长在这方面深有体会。对于培养拔尖创新人才，中学的教育工作者不是不知也，而是不为也。为什么不为，不是不能为也，而是不敢为。为什么不敢呢？因为这涉及整个社会氛围、舆论环境、政策导向等。

创新人才的选拔是个大问题。我们没有给校长和老师提供培养创新人才的环境。在大学里，创新人才培养也遇到了困难。有一个非常重要的原因，就是人们对教育公平这个概念的理解和追求不同。之所以会遇到这样的困难，与教育公平这个话题有很大关系。

中国有一种传统的心态——"不患寡而患不均"。当然一些教育政策，比如说义务教育均衡发展，也是国际共同的政策取向。但是到底应该怎样理解均衡发展，均衡发展是不是无差别教育，等等，这些问题仍存在争论。一直说要形成有利于人才培养的多元体制机制，实际上应该说举步维艰。在关于形成一种有利于优秀人才选拔的多元录取体制方面，是在后退的。这些事情都与大的政策导向，特别是社会氛围、舆论导向有很大的关系。片面的教育公平观，可能已经成为，或者正在成为拔尖创新人才选拔培养的一个羁绊，甚至是杀手。

在维护教育公平和推进拔尖创新人才方面到底要坚持什么？首先，教育公平的价值取向必须坚持。把促进教育公平公正作为改革的基本价值取向，体现了国家意志，突出了问题导向，回应了社会关切。所以无论如何，我们要高举教育公平的大旗。

其次，公平和效率必须兼顾。公平和效率的问题既是哲学问题，也是经济学问题。在分数面前人人平等和选拔拔尖创新人才这两者之间存在一个公平和效率的博弈。2014年的改革方案明确表明公平是第一选择，同时科学选材作为第二个非常重要的原则也写在里面。不能因为公平、追求公平，或者促进公平这样的一个取向，就把科学选材的功能弱化，甚至置之不顾，公平和效率必须兼顾。即使在坚持公平为首的基础上，也要顾及效率。在拔尖创新人才培养方面也许可以主张效率优先，这个也是公平与效率的兼顾。

再次，对一些教育不公平的现象要理性分析。只有理性的分析才能治标治本，而我们现在有些做法可以说是因噎废食。实际上教育不公平很大程度上源于社会的不公平，教育应当努力促进社会公平。但是教育不是万能的，不能够赋予教育更多的功能，教育承受不起，对于高考也是一样。我们要采取措施不扩大不公平，努力缩小不公平，但不可能消灭不公平。从政治家的角度可以有这种理想，但是对于教育科学研究者来说应该保持理性，不能一味地呼吁。

最后，要培育科学全面的教育公平观。要形成一种真正的大众的比较科学比较全面的教育公平观，必须有意识地进行培育。片面强调公平的改革，可能是没有质量的改革。所以要强调公平而有质量，主张公平和效率兼顾。什么是教育公平？像很多学者说的，我们要实事求是。因为差别是存在的，不是任何一种教育模式、任何一个学校都适合所有孩子。给孩子最适合的教育是最大的教育公平。我们要提倡的也是这样的一种公平。我们要旗帜鲜明地宣传，要进行必要的理论阐释，要引导舆论宣传，更重要的是需要政策的引导和支持。特别是教育主管部门，要有一种担当，要敢于推进一些改革。当然在实践层面上，需要中学、大学的教育者大胆实践。只有共同努力才能培养出公平的科学教育观，只有在公平科学教育观的氛围下，我们才有可能把对拔尖创新人才这样特殊的一种群体的教育功能发挥出来，促进创新国家体系的建设。

拔尖创新人才培养从娃娃抓起

广州执信中学校长　何　勇

广州执信中学是孙中山创办的，1921年建校。这个学校从创办开始，就培养了很多杰出人才。我们的教育有点像接力跑，一棒接着一棒。我觉得这个接力跑，是四个教练一个运动员。孩子小学阶段有一个教练，初中阶段有一个教练，高中阶段有一个教练，大学阶段是另外一个教练，每个教练只管一段。学生跑完这棒之后，还跑不跑得动，是另一个教练考虑的问题。

我觉得高中和大学的衔接是确实要考虑的问题。我们设计元培计划的思路是，能不能让优秀的学生自己安排自己的学习，去做一些自己感兴趣的探索。我设想可以从高中阶段开始，让有能力的学生跟着大学生一起学习，跟着大学老师一起搞研究。2011年，我们选了30个孩子，每周抽一部分时间到高校去听专家讲座，了解各方面的前沿知识，然后我们的学生选择自己感兴趣的方向，找相应的教授或者专家，加入他们的团队。执信中学的高中生与教授、研究生、本科生一起学习，接触当今科技发展的前沿、科学发展的前沿。这些是中学老师没办法做到的。

中学老师的视野很容易局限于这门课程，教孩子怎么提高成绩，怎么考大学，没有太多时间关注学科的前沿和当今科技的发展。相反，这是高校最大的优势。元培计划最大的作用就是给学生选择学习课程的自由。元培计划还改变了学生学习的方式。元培班采用小组学习，每个小组三四个人，做同样一个课题。这个小组在中学是学习小组，在大学是科研小组。这些孩子将来能不能成为拔尖创新人才还很难说，在高中阶段，可能我们能做的只是奠定一点基础，为孩子开阔视野。

什么样的人能成为拔尖创新人才？第一要敢想，这是非常重要的一点。我觉得我们中国的教育,从小学阶段开始,就把学生的这种好奇心和想象力给磨灭了。我们拔尖创新人才的培养不是从高中开始,不是从大学开始,应该从幼儿园开始,要保护孩子的天性,要包容孩子的个性。

第二要敢实践。学校要通过各种机制,让学生把自己的想法付诸实践,要给学生提供平台和机会。

第三要心志坚定,我们看到不论是科学家还是企业家都会遇到很多的挫折和困难,最终走向成功、走向辉煌的都是心志坚定的人。

第一要敢想,第二要敢实践,第三要心志坚定,我们所有的课程围绕培养学生的想象力,培养学生的动手能力,还要培养学生坚忍不拔的意志。我们的学生获得过一些成绩,最高曾获国家教学成果奖二等奖。元培计划我们做了这么久,效果也很不错,这些孩子获得过 622 项奖项、5 个发明专利,国家级的创新大赛 48 个一等奖,而且这些孩子的高考成绩也不错。

大学中学衔接的每个链条都不容忽视

华南理工大学党委副书记 陶韶菁

我之所以来到这里是因为这个会议的主题非常吸引人。华南理工大学录取了非常多的执信中学的优秀毕业生,但接力棒是隔空投递的,彼此之间没有坐下来好好研究,这个棒在你手上该怎么用。我想创新人才培养是一个形塑和自塑的过程,并不是你一锤我一锤就能把学生锤成创新人才的。所以我想谈谈内生机制及生长环境营造问题。我更希望我们跟学生之间的关系,除了在前面引着学生跑,在边上陪着学生跑,在学生毕业之后,我们依然能陪伴他继续成长。

创新人才的概念其实是比较模糊的,且这一概念的界定在中国和海外其实是有差别的。我们更加强调创新人才,而对创新人才的理解大多也局限在怎么创新上,而且更加专注"创新"二字本身延伸的东西。国外关注的重点则在创造性思维、创造性人格培养上,强调的是在全面发展的基础上,培养一个人的个性品质。把社会需要融入整个教育体系中。创新人才是与常规人才相对应的一种人才类型，中国当下非常渴求创新人才。我以为创新人才的创新品质应该有五个方面的内容：博专结合的知识准备，自由发展的个性表达，强健的身心与体魄，高度发达的智力与能力，以及积极的人生价值取向、崇高的献身精神。

创新人才实质上是人才驱动，谁拥有一流的创新人才，谁就掌握了科技创新的优势和主导权。当前，我们对高等教育、知识创新更加渴求，我们该怎么做？首先须从要素上分析探讨创新人才内生机制有什么要素？从人才成长横向序列来说，或者从核心到外围的序列来说，有国家政策的影响，高校自己的办学体系、办学理念、专业设置，高校校风、学风的影响，以及专业本身的特质的影响，等等。从人才成长纵向序列来说，是你我彼此之间的接力棒，从幼儿园开始，小学、中学和大学，甚至社会教育以及家庭教育，各个生长环境之间构成了一项复杂的人才培养系统工程，创新人才培养，国家、高校、专业三个层面每一个要素都不可或缺，每个成长序列彼此无缝衔接也至关重要，只有把这些要素和生长环境经过有效的整体融合，才能释放出巨大的活力和能量。

要解决的问题是搭什么样的链条，如何才能从头至尾连接起来？在大学，有学科体系、管理体系、教学体系、教材体系，可能这样的链条在中学、小学也有。链条彼此之间传递的到底是什么？这样一个纵横交错、环环相扣的链条每个环节都不可忽视。

创新人才到底要解决什么问题？时下非常流行痛点研究，很明显高精尖人才匮乏，大学同质化发展，就是我们的痛点。如果介绍学校一定要讲名人，讲点特殊的贡献，否则大家可能听完就忘了这个大学到底做了什么？大学的特殊性、特色发展太少了。同时还要解决专业教育与博雅教育之间的关系，学生的知识结构与动手实践能力的培养，我们的国际视野和批判性思维与传统教育之间的一些博弈，缺乏专业理想和学术动力以及自主探寻学习的主动性和积极性，国际化办学和保持中国大学特色之魂之间也存在着一些差异。

华南理工大学提出三创型人才的培养，入选了全国的双创基地。华工有71个学生发表了89篇论文，而且这些论文只是最近七八年内发表出来的。这个中间自然有我们的一些创新理念和创新思维在起作用。那么是不是只是培养这 71 个学生就够了？其中一个学生发表了不止 5 篇文章，是不是这就是拔尖创新人才了？我们觉得还不是、还不够，对于一个有 45 000 名在校生的大学来说，有 71 个学生发表了论文，学校的使命还远远没有完成。

我们探索了一个叫作 6I 的路径，分别包括学科创新（innovation）、人才智慧（intelligence）、开放融合（integration）、机制推动（impetus）、成果贡献（influence）、生境互联（interlink）。通过 6I 路径，我们希望打造全要素的创新链，培养创新人才，营造创新氛围，为创新创设出更大的可能性与空间。

这个会议非常有意义，探索学校之间的边界，探索学校之间的传递，我希望学校之间能从弱连接转为强连接，而不是硬连接。所以我赞成改革，只是改革应该是内生的、渐进的，而不是冒进的。学校彼此之间要进行协同互补。

如同雅斯贝尔斯说的，教育始终是一个灵魂唤醒另一个灵魂，不是敲打，更不是塑造，如果是，那也是他自己愿意成长。

创新人才培养处在好的机遇期

南京第九中学校长　张恒柱

我认为创新人才培养目前处在一个非常好的机遇期。

我认为如果有了良好的氛围和土壤，拔尖创新人才自然会脱颖而出。从现实角度讲，至少可以做以下三方面的工作：第一，政府部门管理制度的规范和创新。每个省的情况都不一样，从我们所在的地区来讲，政府在营造良好的教育生态方面，还是大有所为的，比如在招生、考试、补课、高考成绩出来之后的宣传等方面，如果大家做一点更有效的工作，学校的压力更小一点，学校探索会更加深入一点，否则肯定不行。

第二，改革教育教学方式。有一个例子可以说明，这些年智能手机等电子设备已经成为学生不能摆脱的一种巨大诱惑，对教育教学产生了非常大的困扰。所以我觉得我们的管理理念和管理水平应向现代化管理靠拢。

第三，为所有学生营造一个良好的创新氛围。我们学校在这方面做了一些尝试，逐渐也有了自己的优势。借助大学的资源，加上我们学校有非常鲜明的体育特色，根据学校的地理位置优势、学生特点、学校传统，我们学校提出创造适合城市学生发展的高质量教育的办学思路。我们学校的办学模式被称为城市高中模式。我们用这样一种模式，加上自己的一些想法做了一些事情，比如我们认为学生成长需要良性的、宽松的、适合发展的氛围，就倡导自主参与式学习方式，并提出了适合城市发展道德教育的三句话：一是要严于管理、善于教育；二是要立足教育着眼发展；三是要用道德的方式进行道德教育。

我们加强了教学创新，努力培养孩子的学术素养，在这方面跟很多学校一样，主要是开展深度学习，借助生涯规划，开展很多活动。对每一所学校来讲，每个孩子都是宝，让每个孩子找到适合自己的跑道是应该做的。所以对于拔尖创新的孩子，我们专门为他们设了东大英才班，开发了专门针对他们的课程，配备了导师团，专门为他们准备了一个非常温馨的博雅厅，作为他们的自主学习室，为他们专门开发了实验项目和实践项目，为这些孩子的成长提供了一定的环境和平台。

培养拔尖创新人才是社会创新的要求

太原理工大学副校长　梁卫国

说到拔尖创新人才培养，这是对全社会提出的要求。当然大学作为人才培养的主阵地，需要着力培养创新人才或者是拔尖创新人才。但是没有进入大学的那些人也不一定不能成才。所以创新人才的培养，不仅仅是我们大学或者是中学的责任，从幼儿园开始，小学、初中、高中每个阶段都可以把学生培养成才，这是理念的问题。

我大学毕业后，曾经做过两年辅导员工作，进到大学的学生都是人才，都是各个高中的优秀学生，但也要看你如何引导学生发展。我非常赞同刚才华南理工大学陶老师讲的，教育人才的培养是一个引导的过程，引导得好，每个学生都可成才。从中学到大学，学生学习环境、学习任务发生了很大的变化，某些学生因为没有了高中繁重的课业负担，以及老师和家长的监管，就放纵了。这不是他不能成才，只是因为环境变了，而在这种变化下大学老师和家庭，怎么引导他是个很重要的问题。

很多大学老师带着大学教授的头衔、光环，却不能全身心投入到教学和育人工作中去，所以我们大学要求所有的教授必须给本科生上一门课。中学阶段是奠定大学进一步成长成才的根基和基础的阶段，刚才也有校领导提到，高考改革之后有的学生不学物理，学生物。现在搞学科交叉，综合人才培养，需要学生有很宽广的知识面，结果学生舍弃了某些类似物理学科的学习，这很容易导致在大学成长成才的过程中，学生的知识结构有缺失。我们发现有一些省份的学生在某些学科方面是有缺失的，这可能影响将来在这些区域的招生，这是一个方面。另一方面，学生不是说考上大学就永远无忧了，进入大学是学习的另一个起点。

在人才创新培养上，我们一直以学生成长成才为理念，也做了一系列的改革。我们成立了基础学院，大一的学生全部在基础学院学习。基础学院开设有高等数学、大学物理、基础化学等课程。我们还依据学生这一个学年的成绩提高幅度，对教师进行考核，来判断教师教得好与差，给教师施加压力。大二时将学生转到相关的专业学院，进入专业基础和专业知识的学习阶段。我们现在对学生进行创新培养，让学生可以调整选择专业，还开设了工程科技创新的实验班和卓越工程教育培养计划的班级，也有一些以学生社团活动为中心的"五创+"（创新群落+竞赛、创新平台+科研、创新工坊+时间、创新空间+协同、创新苗圃+生态），通过多种方式给学生创新能力的提升提供平台。

根据学生大一、大二、大三、大四不同阶段成熟成长的水平，我们也会给予相应的一些指导。我们还会把四个一流学科的本、硕、博连读的硕士生送到剑桥交流学习三周。培养体系除了专业的改革之外，创新这块我们专门开设了生涯规划、大学生的创业基础、就业指导等创新创业课程，并计入学分，同时也为学生提供一些实践的平台。在规章制度方面，学校出台了很多鼓励学生创新创业，以及鼓励教师从事学生创新辅导的政策。

希望将来和中学能够有更好的衔接，挖掘优秀的人才。大学要开放，中学也要开放，让我们的中学生甚至小学生到大学来，大学的老师多走进中学，和我们的中学生做一些科技和其他方面的交流和传递，这样才能够把人才培养这个接力棒一棒一棒接得更好，为国家教育强国梦的实现做出教育人应有的贡献。

创新人才培养重在理念创新

西北师范大学附属中学校长　贾金元

西方国家为小学、初中、高中、大学的拔尖创新人才量身打造了一个发展的通道，而我们是用一个典型的壳子、模型把学生压进去再刻出来，因此就有了同质性。要打破这个同质性，培养拔尖创新人才，横向看，需要政府、社会、学校各级共同努力，形成创新人才培养的大环境、大生态；纵向看，需要幼儿园、小学、初中、高中、大学各阶段贯穿创新人才培养的这条主线，形成创新人才培养的递进式、接棒式的机制通道，这包括教材、教学、实训、科研、评价等各方面的打通。

创新人才培养首先要进行理念创新。一个学校的教育理念统领和引领这所学校的发展，因此教育理念应当回归人的发展，尊重生命，尊重个性，让每一个孩子的潜能都得到发掘，这是对现代学校建设的根本要求。所以学校管理者要从这一根本要求出发，在办学思想、管理制度、教育内容和方法、教育形式等方面进行改革，让每个个体找到适合自己成长的发展之路，量身打造创新人才培养的教育模式。

我们学校提出了和实生物、卓越发展这一教育理念，核心要意是强调多样性的统一，在教育实践中不强求一致，承认尊重差异，包容差异，各美其美，美美与共，努力做到因材施教。德国著名的教育学家曾说教育的最终目的不是传授已有的东西，而是把人的创造力诱导出来，将生命的价值感唤醒。这样的理念就是尊重学生个体差异，用多样性的成才标准、多维度的评价标准、多元化的教育方法引导唤醒学生，帮助他们长成自己应有的样子。

立足课程，构建多元的课程体系，对课程进行创新。在学校发展的过程中，我们顺应国家战略发展需要，相继创办了科学实验班、工程实验班、勇争创新实验班、北城人文实验班、国际英才实验班，并以此为依托，创立系列特色课程，社团课程、主持研学课程、大学选修课程等。用课程建跑道，让学生跑在适合自己的跑道上。同时，我们还为这些班聘请了院士级的首席教师，每年院士会带着自己的团队举办本学科前沿领域的专题讲座，让学生了解科技前沿，知晓达到这个前沿应储备怎样的知识、应用怎样的方法、具备怎样的精神等。

提供创新实践的平台。我们有主题研学活动、实训基地的体验活动、学科的科技体验营、文化体验营活动、特色社团活动等。我们学校建有 50 多个社团，其中有一批顺应未来人才发展要求的社团，如创客实验中心、无人机室、机器人室等。学生可以在这些社团中找到自己的位置，激发自己的兴趣，这对学生的发展起到了非常重要的作用。

指导学生做好生涯规划。培养创新人才必须帮助学生找到一条适合自身发展、能够发挥自身特长的制度。我们开设了生涯课程、STME 课程，组建了由教师、家长、行业专家组成的指导团队，从而有效地引导学生健康成长。开设的这两门课程，也是甘肃的首例。

科学与人文并重，夯实创业创新的知识基础。知识是创新人才的基石，科学是创新人才发展与腾飞的双翼。我们认识到，不讲科学的人文难以厚重，没有人文支撑的科学走不远。在具体的教学实践中，以问题为导向，进行科学人文化的一系列的教育，这是课堂教育、实验教育等环环相扣的一个教育链条。

积极推进"互联网＋"教育，探索教育的国际化道路。我们学校首创国际实验班。这些方面的探索，都对培养创新人才、营造创新氛围起到了积极的作用。

打破教育壁垒，疏通教育的衔接渠道，是实现创新人才可持续培养之路。创新人才是一个系统工程，不是一蹴而就的，需要基础教育、高等教育，在跑动中接棒，在融合中对接，构筑人才培养的有机教育体系，形成巨大的教育合力，助力创新人才在前行道路上可持续发展。我们在这个方面也有一些探索。一是专业录取衔接。把大学的专业规划与高中学生的爱好兴趣、个性特长等相互衔接，通过大学生与中学生"大手拉小手"活动，让教授走进校园，联合生涯教育、专业发展巡讲、线上资源共享、大学校园开放、自主招生等形式，把大学的元素嵌入中学的教育教学之中，使学生在高中阶段有规划有目标地学习。一方面是基础全面发展，另一方面彰显特长、个性发展，既为自己当下学习，也为自己将来学习。

二是课程建设衔接。高中课程体系和大学课程体系不同，造成很多学生进入大学后课程衔接困难。高中阶段不同年级学习的内容不同，但课程的设置具有相关性、连续性，但到了大学每学期的课程都会不同，这和高中的课程设置差异很大，而且学习方法也不同。大学生的学习方法讲究主动性，自学自修探究创新，而高中生的学习方式更讲究传授式学习、指导性学习、规范性学习。所以中学和大学的衔接要打破壁垒，超越高考，在跑动中接棒。将中学教育和高等教育贯通起来已成为许多国家培养创新人才的通用办法。

我们的高中和大学是缺乏连贯性的。原先西北师大附中跟西北师大的教师是打通的，教授兼任着西北师大附中的课，西北师大附中的教师兼授大学的一些课程，现在由于人事编制壁垒等，二者之间的联系被完全打断。如果能把这个接续起来，将是非常好的。

我们也相继提出了选修课程等方案，但是我感觉这是理念性的，它不可能实践也结不了硕果，因为大学录取的时候不可能把它作为一个录取的依据。而在西方国家，大学有充分的自主权，你选修的大学课程，既可免学分，又可作为录取的权重和依据。因此大学、中学这样的衔接需要政府、社会、学校共同努力，政府主导建立这样一种机制，才能够让衔接更有力量。

搭建创新研究和实践的平台

湘潭大学副校长 刘建平

我的发言主要围绕五个方面进行。第一，呼吁给予学生更加宽松的发展环境，适当降低各专业毕业生最低学分要求，以更少才是更多的原则进行课程设置，更多地引导学生自主学习、主动思考、积极探索。支持教师开展启发式、讨论式、参与式教学方法的改革。我们学校教学方法的改革项目有56项，省级以上的项目14项。新增自主发展的课程模块，所有的专业课程原则上对所有学生开放，要求人文社科类的学生修满20个自主发展学分，理工类的学生修满15个自主发展学分。

第二是创新要更加立体，搭建创新研究和实践的平台。我们学校在湖南省率先设立学生创新基金，也是国家大学生创新性实验计划的立项单位，所以我们有教育部的大学生创新实验项目、省级大学生创新实验研究项目。我们在湖南省率先举办了大学生创新论坛，也邀请了很多团队参加这个论坛的比赛，目前已经举办了四届创新论坛。依托学院大量建设创新训练中心，让学生在实践的训练中提高自己的综合素质和能力，学生通过实践拓展思维，老师通过加强指导培养了很多优秀的学生。2016年、2017年我校共获得省部级以上的创新竞赛奖励1 300多项，其中国家级775项，物流车入选了中国设计红星奖原创奖。

第三是构建完善的考核考评体系，或者考核评价体系。我们设立了创新奖和竞赛奖，以奖励在科学研究、创新实践、学科实践中体现较强的创新精神，并取得了较好的成绩的人。在应届本科毕业生推荐免试攻读研究生制度中，将"学生创新成果"认定为学校直接选拔条件之一。学校文件规定，我校组织参加国际大学生城区设计大赛，亚洲分区赛中获得金奖的或排第一名的直接录取为推荐免试研究生。同样，在A类学科竞赛中获得国家特等奖的也可获得推免。把创新教育成绩列入专业技术职务评聘依据，直接奖励学生学科竞赛指导老师，把创新教育与指导列入绩效津贴，让学生和老师共同受益。

第四，持续探索拔尖创新人才培养模式。我们学校这几年在进行教改实验班的试点工作，为拔尖创新人才的培养创造良好的条件。一个是数学韶峰班，我们湘潭大学的数学不错，培养出了两个这方面的院士，非常有影响力。另一个是师昌绪班，师昌绪在我们学校专门设立一个基金，这里就不多讲了。

第五，搭建大学中学教育之桥。非常感谢各位输送很多优秀的学生到我们湘潭大学。我们的招生是在全国范围内进行的。我们学校也进行了大学教授讲座进中学等活动，这些活动起到了很好的作用。大学生科技作品进中学，以联系大学教育和中学的创新教育，我认为这个也很好。

第五节　营造协同育人文化氛围

《中国高等教育》发挥积极引领作用

北京学校新闻宣传与文化传播研究会理事长　李铁铮

《中国高等教育》在唐总的领导下做了大量工作，取得了突出成绩。把办会作为办刊的一个重要延伸，我认为这非常值得大家学习和借鉴。因为从传播方式来讲，会议传播其实是非常重要的。另外唐总对大学文化建设圆桌论坛也是非常重视的。除了办好《中国高等教育》杂志本身之外，唐总对中国高等教育和创新发展方面也有很多独到的见解。

前不久，我们专门在广州开了个"我爱思政会"的研讨会。这次在七夕传统佳节到来之际又给中学和大学的衔接搭了鹊桥。更重要的是地点的选择。选择在河北正定，也就是习近平总书记曾经工作过的地方，而且是在他治国理政起步的地方召开会议，非常有意义。

从会议主题来讲，聚焦大学和中学教育的衔接，很有先见之明。我在20世纪80年代时写过一篇文章就讲大学中学教育衔接的问题。大学和中学作为人才培养的不同阶段，肯定是跟前一道工序有直接关系的。如今我们再来审视这个话题的确非常重要。

文化产业是内容产业

《北京文化创意》主编　陈秋淮

大中学校的衔接是咱们的痛点，因为目前二者之间衔接的不是特别紧密，各管一段。再有就是培养创新人才，我觉得这个方向是特别正确的。

一是我们常谈的"互联网+"的创新思维。现在，互联网已经成为大家离不开的存在，包括手机、移动互联网。"互联网+"思维大家都知道用，一开始我们把它当作媒体，后来我们把它当作一个商战的平台。现在的大学有关于互联网的学科，但是"互联网+"的创新思维是不是已经植入我们学校里面了呢？培养未来人才一定要把科技发展融入教育当中。有的幼儿园都在上编程课，并不是说学这门技术，而是要用这种思维理解社会、认识社会，至少是用这种思维思考问题。所以我觉得在创新思维方面，中学教育、大学教育可以融合在一起。

二是文化价值。弘扬传统文化，我们是要把老祖宗那些文化遗产留下来，但是"文化+"这块我们做的似乎不是特别好。我们的优秀传统文化怎么来研发、怎么跟科技相结合，这些方面还有所欠缺。我们现在特别重视传统文化的教育，比如开设书法、珠算、古诗词等课程。如果以后高考可以加大在传统文化文学这块的比重，将是特别好的。但是我们要的不仅仅是传承，而且还有创新。当然没有底蕴就没法儿创新，即使有底蕴同样也要有创新思维。

三是知识产权。以前我们对这块重视不太够，但是现在越来越重视了。其实文化产业就是一个内容产业，我们要创造出拥有独立产权的作品，再衍生出其他文化产品，这样我们的文化就会更快走向世界。

能力培养仅靠大学不能完成

北京建筑大学党政办公室主任　吴建国

关于大学、中学教育的衔接，我个人的理解是，现在的教育，特别是学生能力培养从政府主导到学校自愿探索模式都要前移。比如说教育部要求在大学一年级开设职业规划课程。其实从学生个体来说，从小学到初中、高中根本没有挖掘兴趣，完全都是应试教育，一直到大学，突然要他做职业规划，分析爱好、兴趣，而这可能跟他现在的专业根本不匹配。当然有些大学现在做得比较好，比如说大类招生等，但我觉得大部分高校还没有做到这一点。实际上学生应从小就开始对自己进行培养，发掘自己的爱好、兴趣、潜力，以便做好整体人生规划。

我家一个亲戚读高一。一个暑假，他基本上每天学到晚上11点，不停地看书、做作业。我相信大部分学生都是在这种状态下成长起来的。一到大学更多的是靠自己自觉，那学生又如何知道怎样培养自己的能力，而且这些在大学里也没有相应的课程体系。并且我觉得人的习惯养成、能力培养是长期性的，不是短短的大学几年就可以培养的。我们学校也尝试做过特色课程对接。比如说跟中小学、优质生源学校搞一些建筑课程，我们的老师去讲一些课程，让中小学生对此有一个宏观印象，让他们对这个专业有所了解，否则他填报专业时根本不了解，一看分数差不多就报了，而没有遵循自己的兴趣爱好。家庭教育包括父母对孩子价值观的培养等都是一个长期的过程。这还要全学段整体行动起来。

创新创业教育要富有特色

梧州学院院长助理　李远林

本次峰会的主题很好，符合高等教育改革中的素质提升。我们学校在创新创业教育方面有自己的特色。2010年，我们创办了广西高校的第一个大学生创业综合发展中心、广西第一个大学生微型企业孵化园，实现了高校和社会的无缝对接。

高校创新创业教育的确要跟中学、小学进行对接，而且对接以后的辐射影响是不一样的。我们有一个文化创意项目，参加过团中央举办的"创青春"大赛，其实这个项目很传统，就是围绕龙狮文化设计的项目。世界龙狮冠军出自我们梧州。舞狮是很古老很传统的艺术形式，我们加入了创新创意以后它就变成创新项目了。通过龙狮文化工作室，我们的学生深入龙狮冠军的故乡体验生活，也到梧州中小学去推广龙狮文化，总体来说，结果还是不错的。

我们学生在全国比赛甚至世界比赛中都曾获奖。我们的一名学生设计了一款手机游戏，其点击率亚洲第一、世界第四。我们了解到这个学生中学时就对软件设计非常感兴趣，所以对该学生进行了分类指导。学生兴趣的培养、创新能力的培养，的确需要文化氛围。我们的课程、社会实践等都要有浓厚的创意文化氛围。中小学生也可以去我们那里参观学习，有项目也有载体，我们地方政府也很支持。

目标瞄准国际一流的教育

华南理工大学广州国际校区综合办副主任　陈华强

我们学校的国际校区有一个本地国际化的战略，希望在硬件上建设国际一流教育环境，在软件上建设一流的师资队伍。这样中国的学生不用出国门，就能享受国际一流教育。

硬件上以新校区为支撑，软件上在试行书院制。我们认为这个校区要尊重两个主体：一个是老师，一个是学生。学生在学校里可以自己做出选择。我们有大类招生，所有课程、专业都可以自己选。修一个学位可以，修两个学位也可以，只要学生有精力，都是允许的。

我们有10个学院都是新工科的学院。我们坚持以我为主、国际协同。我们每个学院都跟一到两所国外排名前一百的学校或者前五十的学科合作，只引进对我们有用的功能组件，同时加强学生的思想政治教育。所以我们培养的是具有国际视野又红又专的人才。

培养中注重加强通识教育

电子科技大学英才实验学院党总支书记兼校教育处副处长　方　曼

我校英才学院每年招生100人以内，基本都是很拔尖的学生。我跟踪了很多学生，高分的、千名以内的、保送的学生往往后劲不足，甚至有留级、降级、不能按时毕业的情况发生。恰恰是我们通过在校选拔出来的，进校之后发展得非常好。我觉得这和学生在中学阶段是全面素质培养还是应试教育培养有很大关系。

我们对各个省份的学生做过一个分析，江苏、浙江的学生后劲非常足，虽然他们高考时的分数不是特别高，但是整体发展还是特别好的。我想这也跟这些地方的基础教育水平比较高有一定关系。

对于创新人才的培养，我们学校有三大举措：一是压缩了周学时，硬性规定学生在校期间每周学时不超过 20 个，总学分也被压缩。

二是加大学生挑战性课程的学习，并配备有小班教学、挑战性课程以及教学方法改革等一系列课程改革和教学手段改革措施。挑战性课程为学生跨学科学习和交叉性人才培养提供了可行的渠道。要求每一学年的学生接受至少一门挑战性课程的学习。挑战性课程以项目的形式推给学生，这个是高难度课程，我们称之为高阶课程。这个课程学习下来就会达到解决综合复杂工程问题的水平。创新人才培养，只有打好根基和底色，学生才能走得远，所以我们在培养方案里加强了通识教育的内容。

三是弥补自己的不足。我们学校是一个行业特色性大学，在文史哲方面不论是文化氛围还是学科实力都仍有不足。所以我们 2016 年就在所有大一新生当中全面铺开人类文明经典赏析课程的学习，所有大一的学生全部必修，而且是以不超过 40 人的小班教学的形式开设。

用最小的成本培养最优的学生

陕西师范大学招生办公室主任　辛向仁

大学和高中的衔接这个话题已经讨论好多年了，不同的峰会、不同的组织都在讨论。在实践过程中有一个突出问题，目前大学和高中在衔接过程中缺少统筹。现在全国高校应该有 2 000 多所了，但是我们的高中数量远远大于这个数字。全面开展高中和大学衔接显然是不可能的。

拔尖创新人才培养，很多大学都在做，但基本都是一个逻辑：在本来就已经很好的优质生源里再选拔特别好的优质生源，给他们配优质的教师资源、教室资源、实验室资源等，把他们打造成拔尖创新人才。各个学校都在做，也都做出了成果，关键是推广的问题。我们要用最小的成本，把学生培养出来。

大学文化要加入新时代内涵

太原理工大学机关党委副主席　赵书海

大学中学衔接再延伸一下，就是中学与小学的衔接、小学与幼儿园的衔接，这样就是全链条衔接，如果我们都能做好的话会更有利于创新人才的培养。

大学应重视文化建设。文化是可以传承的，是可以产生巨大影响的无形或有形力量。无形的大学文化包括大学精神、学生特质、品牌影响力等，这些都是需要时间沉淀的，非一日之功。大学要重视自身精神的整理、提炼、宣传，在师生中形成认同，并得以传承、弘扬。

中国大学要走向世界，也要形成独特的文化、独特的精神。大学文化应避免同质化，形成特色之后应一以贯之。大学文化要加入新时代内涵；大学精神要包含中华传统文化中的优秀因素，也要加入新时代的精神。

大学文化与专业教育相结合

温州医科大学党委宣传部副部长　李　琦

医学特别需要培养有创新意识的人才，同时也特别需要培养有温度的人才。我们学校的人才培养理念就是有情怀、有温度、能做事、能创新。"两有两能"是我们学校的人才培养定位。我们在校园文化打造方面，有这样几个特色：

一是注重顶层设计，把文化兴校写入了学校党代会的报告，专门做了文化建设的规划，还做了校园文化建设的实施方案。

二是我们的文化是跟专业相结合的。比如说在基础课程设置方面，像基础解剖课是医学最基本的课程，一般在大一开设，首先我们会进行开课仪式，每次上医学解剖课时还有一个默哀仪式，还组织学生到遗体捐献的家属中去走访，帮助他们写生平，对学生来说这其实是一个很好的教育。同时解剖课里也会涉及小动物，我们在校园里也做了实验动物的纪念碑，学生每次做完解剖以后也会对小动物进行默哀，同时在上课时也会教给他们如何尽快结束小动物的生命，让他们学会敬畏生命、关怀生命。

在其他专业课里面，我们改革了 26 个专业的 50 门专业课，比如说眼科学，专门有一个学分拿出来让学生体验盲人生活。在学生上课之前先用纱布把眼睛蒙上，拄着拐杖走楼梯、做体验。当让他们取下纱布的时候，他们自己都想哭了。再比如急诊医学，我们就放在真正的医院里去上，在救死扶伤的环境里面，课堂效果会更好。

晋商文化助力大学文化建设

山西财经大学　王素萍

大学文化建设我认为有三个方面：一是伦理；二是个性发展，也就是个性培养；三是结合本土特色。晋商文化在我们学校文化建设当中到底发挥什么作用？它传承着一种什么精神？

我们知道晋商文化包括诚实守信的价值理念、博大宽厚的胸怀、兼容并蓄的气度、同舟共济的思想、自强不息的发展精神等。

从现实发展来看，山西自古就有重商文化传统，形成了诚实守信、开拓进取、和衷共济、务实经营、经世济民的晋商精神。晋商精神作为山西宝贵的文化资源和精神财富，在山西经济整个大发展中发挥重要的推动作用。山西的晋商文化与今天倡导的"一带一路"有着千丝万缕的联系。晋商文化作为"一带一路"文化当中的重要组成部分，具有非常重要的现实价值和独特的魅力。

晋商文化与"一带一路"的发展对于促进大学文化建设有重要影响力。一是以晋商文化精髓为内容完善学科建设。二是学习晋商文化的开拓精神，这对营造校园社会实践氛围、促进学生理论学习和实践起到了非常重要的作用。三是以晋商文化为背景，加强学生的文化认同感。文化是一个民族的血脉，是社会的灵魂，是我们的精神家园，晋商文化对优秀文化认同感的培养有非常重要的作用。四是以"一带一路"建设为背景，在不同高校间进行文化建设的经验学习，注重大学多元文化的交叉与融合，重视学生实践能力的培养，尊重学生个性发展和创新能力的提升,实现从学校主导向学生主动学习的转变,培养大学生积极向上的文化生活追求等。

晋商文化促进了高校之间的文化交叉与融合,还有跨文化教育、"一带一路"建设也促进了文化建设的大发展大繁荣。

探索传统文化的传承与创新

温州大学瓯江学院　王定福

瓯江学院在传统文化的传承、发展与创新方面做了一些探索。总体思路是以创新创业教育为传输带,四轮驱动,奋力推进区域文化、非物质文化的传承、发展与创新。为什么说是以创新创业教育为传输带?因为这是温州大学瓯江学院的办学特色。据统计,瓯江学院的学生毕业一年后的创业率是全国265所独立学院中最高的。这也部分因为温州地域文化的特殊性。从创新创业这个角度来推进文化,它的转化率最高,落地性也最强。瓯江学院的创新创业教育已经完成了示范性到升级版的转变。原来是示范性,我们是浙江省示范性创业学院,普及化、专业化、全员化、公益化,这"四化"在浙江省创新创业学校里面我们是领先的。接下来就是升级版,包括三个方面:个性化、国际化、数字化,我们跟浙江大学的文科院士一起共同推进。

所谓"四轮":第一个轮是打造瓯越文化繁荣共同圈。温州在历史上就简称"瓯",所以温州的文化也叫瓯越文化。温州市想在我们瓯江学院集中打造瓯越文化,制造一个瓯越文化的制高点。包括瓯剧、瓯谣现在都在瓯江学院进行研发,接下来还有瓯菜等,我们想把瓯越文化进行整体打造。

第二个轮是产教融合共同体。对于地方高校来说,产教融合是十分重要的突破口。所以如何推进产教融合?我们要以文化为切入点。

第三个轮是乡村振兴服务带,这个可能是现在很多地方高校在开拓的领域。乡村振兴战略是国家战略之一,对于地方高校来说,这是一个很广阔的舞台。如何服务于地方的乡村振兴战略呢?我觉得文化肯定是一个点,文化产业是基础,文旅产业是突破点。所以这些都是高校服务于地方的一些途径。

第四个轮就是彰显"一带一路"建设的亮点。温州是一个很特殊的地方，有60万的人口分布在世界各地，其中有38万人口分布在"一带一路"沿线上，所以我们的学生接下来的就业路径、方向就是在"一带一路"上。这既是文化输出，也是打造创新创业教育传输带。外国留学生如果要了解中国文化、要了解中国的创新创业，就要到瓯江学院进行参观、交流、培训。我们把服务地方、创新创业、传统文化有机结合在一起。我们有 3 000 平方米的学生创业中心、3 000 平方米的孵化中心、3 000 平方米的信息中心、8 000 平方米的创客中心，实力雄厚。我们就是想通过一个传输带、四轮驱动把地方文化传承好、发展好、创新好。

培养创新人才站位要高

河南大学教育科学学院　宋　伟

培养创新人才不仅仅是大学迫切需要解决的问题。有句俗话叫"三岁看大，七岁看老"。学生在中小学阶段基础的思维模式、学习模式、看问题的角度、价值观体系等都已基本形成。而目前大学阶段受知识碎片化、学科细化的影响很难再系统化地培养或塑造创新人才。

大学既要培养创新人才，又担负着文化建设的重任。今天大学培养的人才，掌握了一些技术，考的分都特别高，但是对于中国传统的认同、对于中华民族的认同、对于国家的认同成为越来越突出的问题。我们能不能真正捍卫我们的传统文化？

要想传承中华传统文化，先要让我们培养的人认同中华传统文化。我们这代人，包括我们的大学教授，在中华传统文化方面是有欠缺的。那我们怎么才能让我们的孩子、我们培养的下一代具有中华传统文化的东西呢？

"大学文化建设"这六个字，它有不同的意思。如果说"大学"做一个词、"文化建设"做一个词，那它的含义就是大学不仅仅是建设校园文化，还有对于社会文化的传承。如果把"大学文化"看作一个词,那就一下子把内涵缩小了很多,大学文化就是校园文化。所以即便是这六个字,有的时候我们也是在模糊使用这个概念。

创新人才培养需要我们认真思考。大学高等教育和基础教育衔接的问题,也是需要思考的。再就是大学在整个社会文化建设中应该担负什么样的责任、做出什么样的贡献,也是我们需要思考的问题。除了看考试的分数之外,还应该思考到底中国的高等教育培养什么样的人。中华民族5 000多年的文明没有间断过,那么未来会不会断代,这也是值得我们思考的。我们培养的创新人才、选拔的优秀人才能否站在更宏大的历史背景下,站在几千年中华民族发展历史下去思考当下怎么培养创新人才,怎么和文化建设结合起来,怎么使高等教育和基础教育结合起来,这些问题恐怕不是一时半会儿能回答的,但是这些问题我们需要去思考,我们要从国家民族、文化自信的角度去思考。

峰会也需要无缝衔接

中国高校文化创意产业发展联盟秘书长　　王　锋

我关注峰会,包括大学中学衔接这个事应该是在2008年,当时唐总还在《中国教育报》当高教中心主任,我在北京工业大学党委宣传部当副部长。在中央美术学院举办第二届峰会的时候,北京工业大学是协办单位,也是从那时起我开始关注大学中学衔接这件事。出于什么原因呢?首先我本人是教育管理者,同时我也是个考生。我是高考的受益者,我们都是通过高考改变人生命运的。但我也是高考改革的受害者。1990年江苏高考的时候,我都没有机会参加高考。因为那一年,江苏实行师范院校提前录取的制度。我当年考了610分,但只进了江苏的一所普通院校。

北京工业大学是第四届著名大学中学校长峰会的承办单位,峰会结束后,北京工业大学在筹备会议的基础上成立了一个研究团队,配合唐总开展大学中学衔接研究。这次我是作为第四届承办方来对接第五届承办方的,如果说大学中学需要衔接，那么我个人认为这次峰会筹办也需要衔接。

关于大学文化，我讲三点个人想法：

第一，大学文化建设是高校四项职能之一，其余三项职能是人才培养、科技创新、服务社会。我们之所以配合唐总把这个会放到正定来开也有这样的一个意愿，希望把大学文化建设特别是高校文化，借助峰会向社会传播。

第二，目前大学文化面临一些问题。大学文化每个高校都在讲，包括环境文化、制度文化、校歌、校史，看起来轰轰烈烈，但作为高校教师中的一员，我们也知道大学文化建设经常面临虚实分离、落地艰难的尴尬局面。

第三，大学文化建设每个高校都在做，但是趋同。高校有的是人，怎么能进一步推动大学文化建设呢？2017年，我们成立了中国高校文化创意产业发展联盟，希望能借联盟推动高校的大学文化建设。文化创意产业在大学文化建设过程中不一定能起决定作用，但有可能会成为大学文化建设的润滑剂。目前社会上的一些文化创意，作品也好，载体也好，相对要比我们高校运营得更加科学，其中有些资金的力量、市场的力量，正是高校所缺少的。所以我希望通过这样的组织把对大学文化感兴趣的教师、企业吸引在一起，共同推动大学文化建设。

第二章

第四届著名大学中学校长峰会

第一节　峰会综述
第二节　寻找创新人才培养对接点
第三节　建立多样化差异化机制
第四节　如何"互利共生"协同育人

2013年5月，第四届著名大学中学校长峰会在北京工业大学召开，会议由《中国教育报》主办、北京工业大学承办、北京交通大学协办。数十位大学与中学校长深度对话，讨论高等教育与高中教育的衔接，探讨创新人才的选拔和培养。

第一节　峰会综述

寻找创新人才培养对接点

《中国教育报》高教职教中心主任兼《高教周刊》主编　唐景莉

从柳州峰会到央美峰会，从人大峰会到工大峰会，由《中国教育报》发起并主办的著名大学中学校长峰会，已走过六载。

大学校长与中学校长坐在一起讨论，彼此之间既熟悉又陌生，仿佛找到一种前所未有的全新感觉。

讨论的话题是高等教育与高中教育的衔接问题。围绕创新人才的选拔和培养，大学校长与中学校长展开对话，六年来话题不断深入，引起了强烈的共鸣。

"教育能育人也能毁人，能培养人也能扼杀人。如果不转变陈旧落后的人才观，我们的学校、我们这些校长和老师可能就会自觉不自觉地扼杀了孩子们的个性特长和创造潜能。"在第四届著名大学中学校长峰会上，中国人民大学附属中学校长刘彭芝的一席话振聋发聩。

"衔接是人才培养质量高低的重要边界条件，特别关系到创新人才出现和成长的重要体制性基础。"清华大学教授谢维和的观点可谓一石激浪——"大学与高中之间衔接，这是中国教育体制改革的突破口！"

改革，不是坐而论道，一定要找到突破口。由《中国教育报》主办、北京工业大学承办、北京交通大学协办的第四届著名大学中学校长峰会，校长们有着怎样的思考？又有着怎样的行动？

分离，这是教育最大的浪费

"衔接"的反面，自然是"分离"。用著名教育家杜威的话来说，分离是教育中最大的浪费。主题演讲中，清华大学教授谢维和引用杜威的这句名言让许多校长陷入了沉思。"高中和大学之间衔接体制的合理与否，直接关系到中等教育与高等教育的改革与发展，是整个教育体制中具有高度关联性的战略要点，也是评价一个教育体制设计水平高低与优劣的标志之一。"谢维和如是说。

围绕衔接问题，谢维和教授连续在《中国教育报》发表了六篇文章。从高中的角度发表了三篇文章，即《从基础教育到大学预科：新时期高中教育的定位及其选择》《从教育的间断性与连续性看高中改革：再论高中教育的定位与选择》《中国的高中是否正在发生转型：三论高中教育的定位及其改革》。从大学的角度也发表了三篇文章，即《高教改革也应"往下看"》《共生：并非理想化的假设》《高校三种入学形式的设想》。

在这六篇思想深刻的文章中，谢维和阐述了大学与高中的三种关系形态——控制、选拔与共生。

关于高等教育与高中教育的衔接问题，国外关注得较早，相应的配套举措也较为成熟完善。

美国大学实施的"高中-大学双学分课程"、大学预修课程（AP课程），英国设置的第六学级、两年制的预修课程等，都是为了解决中学教育与大学教育相脱节而采取的行之有效的改革举措。

据了解，全美每年有70%以上的高中毕业生选择升入大学继续学习，将高中课程定位于对学生专业学习兴趣的培养与专业志向的确立，这使得美国高中毕业生更为接近大学专业教育的起点期待，且对专业的了解与兴趣更高。

管中窥豹，这也代表了全球高中课程的改革取向与基调。

"创新人才的培养和造就是一个长期的过程，如同一场接力赛，中学和大学之间这一棒的衔接非常重要。"北京工业大学校长郭广生曾经担任过北京市教委副主任，对于这一话题，他深有体会。

从"选苗子"变成"育苗子"

本次峰会前夕，《中国教育报》从4月8日开始就在《高教周刊》头版推出"关注高等教育与高中教育有效衔接"系列讨论，约请著名大学校长撰写署名文章。清华大学副校长谢维和率先发出声音，此后北京外国语大学校长韩震撰文《高中特色化发展有利于大学人才选拔培养》。

新一轮的基础教育课程改革已经走过了十多年风风雨雨的路程，取得了很大的成绩。基础教育下一步改革将走什么样的路？如何使基础教育的改革与高等教育的改革衔接起来？韩震表示："如果说义务教育的发展更应该是以均等化为价值取向的话，那么高中教育反而应该走特色化发展的道路。"

上海交通大学校长、中国科学院院士张杰发表文章《大学中学携手：架起人才培养桥梁》。上海交通大学在全国首推自主选拔"科技创新潜质人才"，选拔具有学科特长、具备一定创新能力的学生。学生入校后，学校还将为其组织虚拟班，鼓励其深入开展科学探究。

随后，同济大学校长、中国科学院院士裴钢发表文章《苗圃计划：我们不是坐等收割》。苗圃计划是一个面向高中的专门计划。裴钢认为，对大学而言，招生就像是"选苗"，高中乃至更早期的教育就是"育苗"，是"苗圃"。实施"苗圃计划"，表明大学不是在坐等收割，而是要直接参与种植培育。

中国石油大学（华东）校长山红红发表文章《跑好人才培养的接力赛》。山红红表示："民国时期诸如钱穆、朱自清、朱光潜、丰子恺等人在早期都有过中学执教的经历，后来成为学术大师并在大学任教，在中学执教的经历对他们的教书育人和学术成长无疑发挥了重要的作用。"

东南大学副校长郑家茂撰文《大学与中学共育人才的创新基因》，呼吁"中学教育为学生埋下创新的种子，自主选拔为学生搭建创新成长的通道，大学教育则注重引导学生实现自主成长的转变。共同培育创新基因，开通创新人才培养的绿色通道，最终促进创新人才的自主成长和全面发展，这应该是教育工作本真的追求"。

从这一点来说，峰会不仅是在5月27日这一天，也不仅仅是在工大建国饭店，或许在2007年11月9日举办第一届著名大学中学校长峰会——柳州峰会时，中国教育界就已掀起了一场思想风暴。

深化教育体制改革，核心是改革人才培养体制。"树立系统培养观念，推进小学、中学、大学有机衔接"，写入《国家中长期教育改革和发展规划纲要（2010—2020年）》。

携手建立中国大学先修体系

在清华大学附属中学校长王殿军看来，大学与高中要携手改革——建立中国大学先修课程体系。

AP课程是由美国大学理事会提供的在高中开设的大学水平课程。美国高中生可以选修这些课程，在完成课业后参加每年5月举行的AP考试，达到一定成绩后可获得大学学分。

"建立起中国自己的大学先修课程体系，此举益处多多！"王殿军表示，这一改革，可以为拔尖创新人才培养提供抓手，可以为大学选拔人才提供依据，可以更好地满足学生兴趣需求。

"西部人口只占全国的28%，但国土面积占全国的71%。西部大开发事关中华民族的伟大复兴，是实现中国梦的关键。而人才，是西部大开发的根本动力。"作为一所百年老校，作为首届著名大学中学校长峰会的承办方，柳州高中校长李昌林有个期待：著名高校能够给予西部地区学校更多的指导与支持，比如开设中国式的AP课程，促进大学教授和研究人员与高中生交流，建立联合人才培养基地等，将平等、理性、独立、担当国家使命的大学精神注入高中生的意识形态之中。

在分析建立高中阶段创新人才培养的实验学校等推进衔接的六大进展之后，

清华大学教授谢维和就如何加强大学与中学的衔接提出三点建议：

第一，建立多样化和差异化的衔接机制。大学与高中之间的衔接不等于高考，高考只是这个衔接机制中的一个方面，衔接的内容还可以有其他形态与部分。切忌将衔接等同于高考，将衔接机制的改革等同于高考改革。

第二，积极鼓励高中与大学之间的相互合作。高中应从终结性教育转变为预备性教育。大学应该看到自身与高中之间的交集已经越来越大，进而更加积极主动地加强与高中的合作与衔接。

第三，衔接体制的低重心。在大学与高中衔接机制的改革与建设中，在政策上，给大学和高中提供更多的自主权和更大的空间。

对话，推动沟通；实干，方能兴邦。期待着在不久的将来，大学与中学携手，在创新人才的选拔和培养上，达成更多的共识，推出更多的举措。

梦想，终将照亮现实！

第二节　寻找创新人才培养对接点

峰会为改革搭建了重要平台

中国教育学会会长　钟秉林

从2007年第一届峰会在柳州召开到本届峰会在北京工业大学召开，已经过去了六个年头。这六年里，中国教育事业迅速发展，成就显著。培养创新人才，需要高等教育和基础教育协调改革，发挥各自的功能和作用。中小学实施素质教育需要基础教育课程改革和高考招生制度改革同步推进，政府社会公众和媒体广泛关注的异地高考问题更是一个跨区域、跨领域、跨部委的综合性改革课题。毋庸置疑，加强教育改革需要以有效的体制机制和政策措施作为保障，从这个角度而言，作为四届峰会的见证者，我认为这个峰会为教育系统内部改革搭建了重要的平台。我希望大家充分利用这个平台进行观点交流和思想交锋。

"向下看"不是生源大战的延伸

中国高等教育学会会长　瞿振元

我深刻认同上届峰会已经达成的共识，即建议创新人才培养从基础教育做起，大、中、小学有机衔接。作为长期从事高等教育工作的工作者和高等教育学会的代表，我更想强调高等教育要"向下看"。我所说的"向下看"不是高考招生活动中"高校生源大战"的向下延伸，也不是单纯在中学增加以大学本身发展目标为指向的"大学预科教育"，而更强调的是高等教育与中学教育整体性的相互衔接，特别是大学面向全体学生的素质教育与高中素质教育之间的相互衔接，以及大学着力少数拔尖创新人才培养与高中学生创新素养培育之间的相互衔接。这些也都是大学教育教学改革的重要内容。

峰会的使命在于推进教育领域综合改革

教育部高等教育司司长　张大良

创新人才的选拔和培养是一项系统工程，贯穿各个学段的学校教育，涉及教育教学的各个环节。举办著名大学中学校长峰会的重要使命在于推进教育领域综合改革，尤其是在学生选拔方式和培养模式上要打破常规、大胆实践、勇于创新，营造创新人才脱颖而出的良好环境和氛围。

早在2003年，教育部就启动了高校自主选拔录取改革试点工作。10年来，试点工作取得了显著成效。试点工作为进一步改革完善高考制度、落实高校招生自主权、全面实施素质教育积累了有益经验。与此同时，部分高水平大学锐意改革、大胆创新，形成了一系列可供借鉴的案例。

"翱翔计划"打破高中与大学的壁垒

北京市政府教育督导室副主任　关国珍

创新人才的选拔和培养是一场深刻的教育变革，是一项关系全局的系统工程。唯有不同层次、不同阶段的教育统筹安排好，将功能与结构有机衔接，才能实现创新人才的选拔和培养的目的。为此，北京市教委在 2008 年成立了北京市青少年科技创新学院，并启动了"翱翔计划"。"翱翔计划"旨在有机整合高等教育与基础教育，校内教育与校外教育。"翱翔计划"采取的一个很突出的方式，就是中学与大学联合培养的方式，打破了教育与科技、高中与大学、高中学校与高中学校之间的壁垒。

探索创新人才培养的模式和途径

中国教育报刊社党委书记、社长　李曜升

十年前我在美国洛杉矶当教育参赞时，发现美国的基础教育、职业教育、高等教育实际上是一个链条上串起来的教育。从体制上讲，美国的中学教育和高等教育有三个关联因素：一是高中的 AP 课程；二是年满 18 岁不需要考试可以进入社区大学；三是以加州为例，每所学校 12% 的学生有协议保证进入加利福尼亚州立大学。从分流的机制讲，有三个半数：一是美国高中毕业生中大约半数学生不参加高考，而是要选择参加工作；二是高中毕业后升入大学的学生中有一半上了社区学院；三是上社区学院的学生中半数是半工半读。

让最优秀的最喜欢科学的学生去读研究生，在体制上就做了分流保证。在我国，高等教育和高中教育怎么衔接，教育规划纲要已经提出了命题和思路。期望这次峰会能够深入讨论这一问题，探索创新人才培养的模式和途径，为推动教育改革做出应有的贡献。

大学中学衔接是创新人才培养的需要

《中国教育报》总编辑　翟　博

由《中国教育报》主办的第四届著名大学中学校长峰会，主题是大学与中学校长聚焦创新人才选拔和培养。

高等教育改革发展是一项综合性、系统性的工作，必须瞄准国际前沿和世界

一流。随着高中生和大学生之间交集越来越多，大学和高中教育的关系已经逐步从过去的选拔模式转变为一种共生模式，两者之间正在形成一种相互促进的互动关系。

高等教育和高中教育的衔接是创新人才培养的需要，是教育系统化的体现，也是提高教育质量和效率的重要途径。不仅需要大学的主动参与、中学的积极参与，更需要创新，需要政府的积极作为与政策引领，这也正是我们举办本次峰会的目的所在。

大学高中衔接是教育体制改革的突破口

清华大学教授　谢维和

高中与大学之间的衔接，是一个科学问题，也是教育学的基本理论问题。高等教育与中学教育如果衔接得不好，会造成两者的分离，这是教育中最大的浪费，是教育改革必须努力攻克的一个难题，也是中国教育体制中的一个顽疾。

高中和大学之间衔接体制的合理与否，直接关系到中等教育与高等教育的改革与发展，是整个教育体制中具有高度关联性的战略要点，也是评价一个教育体制设计水平高低与优劣的标志之一。而衔接体制中的问题正是我们教育的体制性障碍之一，是教育体制改革的重要目标之一。

当然，这些年我们国家教育体制改革对高等教育与高中教育的衔接越来越关注，也取得了一些进展和经验。重视人才的培养质量，必须关注衔接。从这个角度讲，衔接是人才培养质量高低的重要边界条件，特别关系到创新人才出现和成长的重要体制性基础。可以这样讲，如果高等教育与高中教育衔接得不好，那我们的创新人才的出现都是偶然性现象。

目前，高中与大学的衔接中的主要问题是以选拔代替衔接，就是认为高考就是衔接，把大学对高中学生的选拔作为两者衔接的基本机制，这在很大程度上束缚了衔接。实际上高中与大学之间的衔接面是很宽的，可以是多样化的，但是我们在体制上仅仅把大学和高中的衔接局限在高考上，实际上，高考只是衔接体制中的一种途径和形式。除了高考以外，我们还可以有其他各种不同的衔接途径与形式。

以选拔或高考代替衔接的弊端主要在于：一是成本太高，包括时间的浪费。很多高中有近一半的时间用在高考复习上。学生、家长、社会、政府为高考投入惊人。二是束缚人才。衔接机制的狭窄与单一束缚了多样化人才的成长发展与培养，所有人都要过独木桥不仅是指人的数量，更可怕的是把大家的知识、思维、想象力和发展的差异与多样化都压抑和统一在一个狭窄的独木桥上。三是加剧了高中与大学之间的矛盾。高中认为大学考试绑架了高中的课程建设和人才培养，大学觉得招收的新生很难完成转型。这些矛盾严重制约和影响了高中与大学人才培养的质量与效益。

如何拓展高中与大学的衔接面，我的一个基本观点就是要拓宽大学和高中的衔接机制，这也是衔接改革的基本趋向与出路。拓宽的基础就是大学与高中之间关系的变化，即从选拔变为共生，包括建立多样化和差异化的衔接机制，加强大学与高中的合作，以及建立以学校为主体的低重心的衔接体制，这样才能真正促进创新人才的产生和培养。

创新人才选拔和培养的三个关节点

中国人民大学附属中学校长　刘彭芝

结合多年的教育经验，我认为中学培养创新人才有三个关节点，即选拔、培养、输送。

第一个关节点是选拔。我们应该承认人的资质有高下之别。培养创新人才，培养对象必须是有创新潜力的人。对大学而言，创新人才的选拔基本不是问题，各大高校通过高考，特别是自主招生，能把创新人才筛选。对于中学而言，创新人才的选拔目前还是个大问题。你不去选拔，巧妇难为无米之炊；你要是去选拔，马上就会有各种批评的声音。

有教无类是教育公平；因材施教，让每个孩子都得到适合他的教育，这也是教育公平。有很好创新禀赋的孩子如果没有被选拔出来，得不到适合他发展的培养，这不仅是不公平，对国家、社会来说更是人才浪费。建立早期选拔体制机制，是创新人才培养的第一道关隘，这个关隘打不破，我们不可能进入创新人才培养的新天地。

第二个关节点是培养。在30年的教育实践中，我深深地体会到，中学培养创新人才，有三点非常重要。

一是培养孩子的自学能力。自学，既是自己学习，更是自主学习。自主学习是指在自己学习中有独立的思考。自主学习是更重要的自学。即使是在学校学习期间，我们自学的东西也肯定比从课堂上学到的东西多。因此，自学才是学习的常态。有创新能力、出创新成果的人，肯定是自学能力强的人。

二是培养孩子的问题意识。人类社会就是在不断发现问题、回答问题、解决问题中进步的。创新人才，首先是善于发现问题的人才，而且是善于在众多问题中发现核心问题的人才。中学培养创新人才，一定要鼓励孩子善于发现问题、敢于提出问题，在回答问题、解决问题的过程中专心致志、锲而不舍。

三是培养孩子的协同精神。今天，科学研究和各种创新越来越体现出协同性。无论是国外还是国内，几乎每一项大的创新都不是一个人的单打独斗，而是一个团队在联合攻关。中学培养创新人才，必须认清这种趋势，顺应这种趋势。

第三个关节点是输送。这个关节点打通了，中学创新人才培养也就功德圆满了。现在的问题是，这个关节还没有打通。中学里发现和培养的一些创新人才，特别是创新人才中的偏才、奇才、怪才，还没有成熟的输送渠道。

在现行高考制度难有大改革的背景下，就如何打通中学培养创新人才的输送关节，我有两点建议：一是以输送中学创新人才为坐标，对现行的高校自主招生制度进行量身定制式的改革，让自主招生变为创新人才的绿色通道。二是在北京、上海等各大区域的核心大城市，各试办几个早期拔尖创新人才培养基地，这些基地由中学和大学联合创办、共同管理，为中学创新人才的输送开辟一条全新的道路。

执起创新人才培养的接力棒

北京工业大学校长　郭广生

　　创新人才的培养和造就是一个长期过程，如同接力赛，中学和大学之间这一棒的衔接非常重要。长期以来，大学教育和高中教育各自为政，双方关系漠然僵化，原本系统化的教育链条被人为割断。无论是高等教育还是高中教育，都不能仅就自身的发展考虑定位，而是要放到创新人才培养的终身教育系统工程中去考虑，加强二者的联系与协作，形成和谐、合理的教育整体结构，发挥整体功能。"向下看"成为高校改革发展的必然选择与重要途径，成为大学提高教育质量与培养创新人才的重要基础。

　　高等教育"向下看"，至少要看到高等教育与高中教育之间培养目标、课程和教学内容、教学方法、教育制度的各自独立个性以及相互衔接，这些也构成了推进高等教育"向下看"的突破口。我结合北京工业大学在这方面所做的一些尝试与探索，谈谈高等教育如何"向下看"的问题。

　　改革招生制度，扩大高校的自主招生权。北京工业大学是从 2013 年首次试水自主招生的。少而精，注重对思维及大学学习能力的考核，是学校第一次进行自主招生的原则。在选拔方式上，学生在资格初审通过后进行综合能力面试，不设笔试环节。通过现场论述观点、解决实际问题、发挥特长等环节，对学生综合素质及能力进行多角度、多方式的考核。自主选拔录取改革在推进中学实施素质教育、促进中学教育与大学教育的有效衔接、推动北京市属院校突破单一的人才选拔和培养模式方面发挥了积极的作用。

　　资源对接机制，搭建高校与中学交流与合作的多元平台。高校坐拥丰富的教育资源，在育人理念、硬件设施、师资水平等方面都具有相当的优势。利用学校办学资源，联合中学举办"知名中学校长联谊会"、学术讲座，开放图书馆、实验室，选派教师到高中授课，参与中学的教学研讨，定期举办以"大手拉小手"为主题的联合培养活动，带领学生参观本科生创新成果展，邀请中学生参加我校科技创新活动和社团活动，使中学生能够更加直观地了解大学的文化底蕴，充分感受创新的魅力。

积极推进课程与教学内容改革，探讨与高中新课标的对接。我们先后邀请多名专家对高中新课标进行系统解读。结合高中新课标的教育理念和培养目标，使用与高中课程衔接更为紧密的基础课教材。如我们的第三版《高等数学教程》前几章，就是为了实现高等数学与初等数学的无缝衔接，重新编写能够适应具有高中数学水平学生无障碍接受微积分的入门章节。

此外，我们携手中学，试点开设先修课程。第一轮与北京市广渠门中学合作开设的"线性代数"和"化学与环境"两门课程，由于选派教授教学效果好、教学内容体现过渡性质、入学后可进行学分充抵等，受到了校方和学生的欢迎。

从钱学森的成长看杰出人才培养

北京师范大学附属中学校长　刘　沪

说起创新人才的培养和对杰出人才的期盼，我们都会想起钱学森先生的那段语重心长的话："现在中国没有完全发展起来，一个重要原因是没有一所大学能够按照培养科学技术发明创造人才的模式去办学，没有自己独特的创新的东西，老是'冒'不出杰出人才。"这段话他用了两个动词，一是"培养"，二是"冒"。人才的培养与冒出是缺一不可的，我们要在这两方面下功夫。

为什么钱老如此强烈地呼吁创新人才、杰出人才问题呢？我想这既与钱老的爱国情怀和科学家的远见卓识有关，也与他自身的成长经历有关。钱老中学6年都在北师大附中读书。他说："在我一生的道路上，有两个高潮：一个是在师大附中，一个是在美国读研究生的时候。"

影响钱学森等一代杰出人才成长的因素很多，但有两个重要原因今天依然有很强的借鉴意义。一是1922年我国开始实行"六三三"学制。随着这次学制改革，课程标准和课程设置、教学目标、教授内容都发生了巨大的变化。钱学森1923—1929年在北师大附中读书，是这次教育改革最早的受益者。二是全人格教育，20世纪20年代，老校长林砺儒主持北师大附中工作，他认定理想的中学教育是全人格的教育。

课程的设置对学生的发展起着至关重要的作用。钱学森回忆说：这个学校的教学内容很深刻和极具现代化。当年的必修课和今天相比只差一门计算机课。高中文、理科讲授很多大学知识，数学、物理一般使用英文原版教材，选修课更是丰富多彩。学校非常重视学生动手能力的培养和社会实践。中学时代的钱学森可以自由使用学校的实验室。

特别需要强调的一点是，杰出人才的培养离不开杰出的教师。钱老晚年有这样一个手记，回忆影响他人生的17位老师，其中北师大附中的老师就有7位。从钱学森的成长经历我们可以看出，是大教育家培养了大科学家，是大师培养了大师。

必须坚持教育的完整性

复旦大学附属中学校长　郑方贤

中学阶段正是学生心理和生理生长发育迅速的时期，这个阶段造成的缺陷将是一辈子都无法弥补的。所以，完善中学教育是当务之急。

一是完善学校的功能。中学既有预备性教育的特点，也有终极性教育的性质。而且无论高中教育还是大学教育都是选择性教育，所以除了招生和培养，中学还必须承担起指导升学（或择业）的功能。

二是完善学校培养的内容。传统的教育以学业知识为主要内容，无论是认识理念和课程计划实施都偏向学业学习，诸如身体、心理、价值观的培养都处于可有可无的境地，所以政府有责任从制度上完善学校教育的内容。

三是建立正确的学生培养评价体系。我们长期以来都是以高考成绩或中考成绩作为学生评价的唯一依据，学生的综合素养无论多优秀，一旦临近毕业都是按照学业成绩排序以推荐升学，似乎这样最公平。我们应该将每个学生在学校所参与的各类课程（活动）、所占用的课时数（时间），以及获得的成绩，都反映到学生的学习报告中，以更加公允的方式让每位学生的付出得到公正和公平的评价。

在整个教育中，大学招生对教育完整性起着不小的作用。中学教育深受大学招生指挥棒的影响。高考之所以有争议，是因为高考录取政策的分分计较，强化了个别学科和学业分数的作用，所以对中学教育的引导不言而喻。目前，国内大学的自主招生普遍采用的选拔方式也还是以学科成绩的测试为主要方式，并不利于对学生的多元化考察，与高考的功能也难以区分。

自主招生不仅承担了选拔学生的功能，实际上还承担着引导中学教育健康发展的社会责任。大学应该更多地站在民族和国家的利益上引导主流价值观，理解国民基础教育的完整性。在具体制度设计上，要引导学生的全面成长，较多地引入面试等考察方式，这样有利于推动中学开展素质教育、特色办学。

第三节　建立多样化差异化机制

"大学和中学教育必须着眼于对学生健康人格的塑造和培养，绝不能因为教育的不同阶段而有所动摇。从中学到大学正是人格独立形成的一个转折点，我们主张在知识积累和文化传承上要更加注重学生人格的培养，只有具备健康的人格，才会有丰富的想象力和创造力。"峰会主持人之一、高等教育出版社总编辑杨祥的开场白拉开了峰会序幕。

中学：教育浪费的担忧与突破

如何让中学与大学突破"隔离"，成功牵手，中学校长们正在尝试并做出努力。

"大学应该与中学合作，建立中国的大学先修课程体系。第一，可以为拔尖创新人才培养提供抓手。第二，可以为大学选拔人才提供科学依据，以更好地满足学生个性发展需要。美国大学先修课程体系实施50多年来，证明这对拔尖创新人才培养非常有效。"清华大学附属中学校长王殿军正在带领团队从事这方面的研究工作。他介绍道:"美国中学教育中有 22 个领域、37 门课程供高中生选择,很多学生在进大学之前已拿了好几十个大学学分。能跳多高,天就有多高,能跑多远,路就有多远,拔尖学生就是要放开了跑,一般学生要降低要求。"

我们为什么要建立大学先修课程体系?王殿军认为:"可以实现对学生的评价趋于多元化,丰富人才选拔渠道;推进'大中衔接',改善高中毕业生无法契合大学要求的尴尬局面;深化高中教育,从根本上保证学生全面而有个性的发展;缩短人才培养周期、提高人才培养效率;缓解人才流失问题;通过网络化手段缓解教育资源不均衡的问题。"

我们的大学先修课程体系应该如何建立呢?王殿军认为:"应该借鉴美国的大学先修课程体系,借鉴其管理模式、课堂组织方式、教材编写方面的先进经验,而不是照搬其内容;整体规划、小范围实验、逐步推进,形成具有中国特色的、科学的、完善的、适应时代要求的大学先修课程体系。"

"教育自身是一个完整的系统,其不同的阶段体现了基于人的成长与发展需要所提供的教育服务的层次和水平。中学有自己的责任,大学有自己的使命,但是我们都围绕着同样的价值取向,即创新人才培养。"青岛第二中学校长孙先亮抛出了自己的观点。他认为:"当下的教育是集体的迷失,迷失在以分数为追求的过程之中,迷失在以分数为标准的评价之中,迷失在以物质为基础的功利主义的庸俗环境中。教育越走越远,似乎已经忘记了为什么出发。我们学习发达国家的教育内容和方式,却过高看重它们技术层面的意义,而忽视了深层的东西,那就是真正的'以人为本'、真正地尊重生命自身的价值、真正从生命本身出发的教育设计。"

孙先亮说:"以高考分数为核心的衔接,其实造成了大学与中学的创新人才培养的'断裂'。因此,今天探讨衔接问题,就是要研究中学与大学如何建立起以人才培养为核心的有效对接。"

实现中学与大学的衔接,做好创新人才培养工作,中学教育需要努力的方向在哪里?

对于这个问题，孙先亮的观点有三：一是端正育人目标和方向。中学教育必须回归"人是目的"的教育本质，要为学生的终身发展和幸福负责。二是办学生需要的教育。教育应当尊重学生自身的发展价值，根据学生的需要一方面要创造条件和资源满足学生的需要，另一方面要创造条件提升学生的高端需要。三是创造良好的育人环境。建设生活化的校园环境，创造生活的情境，给学生参与的机会，让学生在生活中学会学习、学会创造、学会交往、学会做事。

"大学和中学为什么要牵手？"杭州第二中学校长叶翠微用一个故事展开了他的思考："我看到某报纸头版头条登了一则新闻：高校毕业生就业形势严峻，本科生难上加难，目前毕业生总签约率为22.5%。看到这样的报道，我很心痛。我们的学生在学校非常优秀，但毕业后却面临着这样尴尬的情境。""为什么就业形势这么紧张？"他说，"现在的企业，尤其是民营企业，并不欢迎高校的本科毕业生，为什么？第一，上岗前就要投入再培养成本，且成本越来越高。第二，给他们提供平台后，两到三年内，他们翅膀硬了就会走人。所以，企业愿意选择有一定社会经验的往届毕业生。"

"创新人才培养很重要，如何全面育人也很重要，要把育人作为教育的出发点和落脚点，而育人需要一个连续性的过程，就此而言，大学与中学是育人完整化的不可分割的载体。"叶翠微总结道。

"一定要在大学与中学中，建立一个转换自由的、能为学生充分答疑解惑的平台，并争取形成机制，以呵护中学生的创新火花。"福州第一中学的校长李迅举了个例子："我们学校有一组学生在做关于把电能转化为化学能的实验的过程中，发现他们得出的结果与教科书上的不一致，化学老师在与学生做了一组对比的实验后，发现结果真如学生所描述的那样。照此分析，课本上的结论就存在问题。因此，化学老师就把学生的实验结果告诉了化学课程教材编写组的教授们，经过北京大学化学教授、中国科学院化学教授的实证及某核工业组的研究，认为学生的实验结果是正确的。其实，只有大学和中学的教育交流的渠道畅通了，人才培养的渠道才会更加畅通。"

大学的教育研究者必须走出书斋、深入实践，不能再做"书斋里想出来的课题"，而要做"社会提出来的课题"。要让我们的教师既懂理论，也懂实践；既能课堂教书，又能车间生产。

大学：既懂仰望星空，也懂挑水浇园

大学和中学的有序衔接对创新人才培养意义非凡。南京大学党委副书记朱庆葆以著名文史学家、教育家程千帆先生为例，阐述了他的观点："程千帆曾就读金陵中学。金陵中学优秀的语文教师、浓郁的古典文化氛围激发了他从事古代文学研究的兴趣，高质量的课堂教学和大面积的课外阅读奠定了他从事古代文学研究的学问基础。他终生怀念中学时代的几位语文老师。在金陵大学读书期间，在中学所受的教育得到了进一步的深化。程千帆又得到胡小石、吴梅等诸多大师的教诲，终成一代学问大家。可见，大学阶段和中学阶段的有效衔接、逐渐递进对一个人成为创新人才是何其重要。"

朱庆葆谈道：当前，大学和中学的合作大都还处于提前选择生源这个层次，其目的还只是"收桃子"，而不是"种桃子"，是结果性选拔而非过程性培养。他认为，创新人才培养需要打破教育体系各阶段之间的分割。为此，要有以下几个方面的创新转变：一是在合作模式上，要从各自为政转向协调联动。大学要将创新人才培养理念和方式向中学自然渗透和延伸，将聚焦生源问题变成聚焦联合培养问题。二是在人才培养理念上，要从知识灌输转向潜能开发。三是在课程设置上，要从割裂分离转向相互融通。要根据创新人才培养特点和规律，改革课程内容，建设新型课程体系。四是在教学方式上，要从单一主导转向双向互动。五是在师资队伍建设上，要从封闭性转向开放性。

山西师范大学校长武海顺认为，走进基础教育一线，在实践中育人，是师范大学提升人才培养质量的必由之路。他说："在对基础教育的调研中，我们经常听到这样的声音——'对于新课改，我们很多老师只知道要这么做，但却不知道为什么要这么做。许多老师处于照葫芦画瓢的状态，而不是基于真正的理解而自觉地实施。因此,也很容易就回到过去的旧模式中'。这种现象绝对不是少数,特别是在一些薄弱学校中更为普遍。对此,师范大学的教育理论研究者,迫切需要放下架子、俯下身子,在基础教育的改革实践中深入研究并做出'朴素'的解释,为新课改提供接地气的理论支持。"

大学如何更好地牵手中学,在人才培养道路上不做"摘桃派",而是为人才成长的园地挑水?北京科技大学校长张欣欣认为,大学要切实落实教育是学校的首要任务,调整自己,适应新时代学生的特点和变化。

张欣欣说:"大学要兼顾教育公平和因材施教,对多数学生,实现'宽口径+多种选择'培养;对拔尖学生,实行'厚基础+因材施教'培养;对教师的激励与评价,大学要坚持教授以教育教学为第一天职的理念,兼顾量和注重质,要考察教师与学生之间的融洽关系。"

大学要改变去中学"掐尖"的思维导向,要转变为和中学共同培养创新人才;中学也要放大眼光,提高境界,不过度关注有多少学生能进入重点大学,变升学驱动为创新人才培养驱动。

中学和大学:探索多样化协同培养模式

近年来,我国大学和中学之间结合实际,探索了多样化的协同培养创新人才的几种模式,取得了阶段性成效。比如,南京大学和金陵中学建立了"准博士培养站";苏州中学实施"伟长计划",与南京大学、北京大学等进行了深入合作;中国人民大学附属中学与中国科学院、中国社会科学院合作开展"拔尖创新人才早期培养"项目,共同建立"拔尖创新人才早期培养基地"等。

朱庆葆认为,虽然已进行多年的实践探索,但大学与中学合作仍存在有待改进的地方,主要表现在两点:一是大学还没有真正"往下看"。没有提早介入学生在中学阶段的全过程培养,例如大学在理念、课程、师资上和中学交流不足、介入不深、引导不够。二是对学生进入大学后的培养还有待进一步完善。要立足培养拔尖创新人才的需要,按照个性化培养的要求,设计一套培养方案,提高培养水平。

有鉴于此,南京大学不断探索,已经着手解决这一问题。他们的主要做法是:与一些中学牵手试点,提早介入中学人才培养,从关注高三时期的提前选拔,转变为携手中学连续进行高中三年全过程、全方位培养;将现行高中课程的要求与南京大学的要求结合起来综合设计,科学进行排列组合,既注重基础、文理兼容,又强调综合能力培养;不仅尊重中学教师的创造性,而且引进南京大学优质教师开课、开讲;南京大学保有对中学课程、学生一定的考核权。这样,就实现了中学教育和大学教育的无缝对接。

与此同时,按照创新人才培养这条主线,南京大学积极进行本科教学改革,意在接力和升华中学阶段开始的创新人才培养。2006年开始实施的南京大学"三三制"本科人才培养新方案,以"个性化培养"为切入点,努力实现学生全面而有个性的发展。

王殿军则希望,大学可以选聘一批热心中学教育的专家和学者,让他们把支持中学教育作为自己的主业之一。

清华大学在举办大学预科以及后来的全国理科实验班的时候,都有一批非常优秀的教授深入中学。他们不是去中学做一两场报告,而是真正与中学老师一起,创设有利于中学生能力培养的课程,甚至亲自教授。

王殿军认为,中学与大学应共同建立合作导师机制,专门指导在某些方面有特殊潜质的学生。而大学应该把教授在培养中学生方面所付出的工作量和所取得的成果,给予正确的认识和评价,计入工作量和绩效评估。

北京科技大学的本科生班导师制无疑也是大学牵手中学,培养拔尖创新人才的有益尝试。张欣欣介绍,本科生班导师制以加强课堂教学过程管理、以教风促学风为宗旨,将科技创新和社会实践纳入培养方案,建设研究型教学示范课,推动教学方式转变,积极探索人才培养模式改革。

武海顺认为,实现师范大学全面发展的沃土在基础教育一线。面向未来,师范大学必须全面打通与基础教育的联系,构建起师范大学与基础教育"互利共生"的关系模式。这是师范大学改革发展的必由之路，也是一项系统工程，既要尊重教育发展的客观规律，又要真干实干，创造性地开展工作。其具体路径，可以概括为9个字，即"走下去""筑平台""建制度"。

叶翠微提道："上个星期清华大学招生组与我联系，他们要派一个教授来讲课。我其实特别担心他们只是为了招生而做宣讲。结果，清华大学副校长袁驷教授来了，讲的是他的知青生活、求学经历，讲的是他如何从'八人抬木头'的事件中悟出'精神力学'。学生听得如痴如醉，掌声不断。我觉得这就是高中生想真正了解的关于大学里的那些人和事。"

叶翠微认为，大学牵手中学要施行"四个打通"。第一，把大学教育和基础教育文化通道打通。第二，招生通道打通。彻底摒弃"论分行赏"。复旦大学的"千分考"的方式值得大家借鉴。第三，把课程通道打通。让能飞的孩子飞起来，让会飞的孩子飞得更高。第四，把资源通道打通。期盼大学能放下架子，开门迎客，开放实验室，开放数字平台，开放课题研究，等等，寻找"1+1＞2"的资源增值效应。

第四节　如何"互利共生"协同育人

完善评价体系　探索人才培养模式

"高校自主招生发挥高校在人才选拔中的主导作用和主动性，克服统一招生仅以一次考试分数为依据的弊端，考试评价和选拔录取方式趋于多元化，注重对学生个性和综合素质的考量，选拔出志向远大、基础扎实、个性鲜明、具有社会责任感的高中生。而这些录取标准都将成为高中人才培养的风向标。因此，这也要求高校自主招生的导向必须正确，真正关注学生创新潜质的开发和学科特长的培养，而不是成为仅关注分数的小高考。"广西柳州高中校长李昌林说。

北京化工大学校长谭天伟认为，只有创新文化成为大学主流文化时，也只有当一批具有创新能力的老师带领着一群富有创新意识和激情的学生切磋学问时，才可能培育出一大批创新人才。创新文化决定创新能力的高低,是创新能力的根源。我们大学教学模式是求同思维模式。这种求同思维的文化直接导致了我们的思维定式,极大地限制了我们的发散性思维和创新能力的提高。高校创新文化是创新人才培养的基础,是高校多年来形成的核心学术价值取向。创新文化的形成需要培养一种敢于挑战权威的创新精神。我们的高校需要利用国际化开阔学生视野,让他们在跨学科和多元文化的环境中吸收不同的科研思路和方法,为创新奠定思维基础。

天津大学校长李家俊表示,天津大学正在进一步制定、完善大学招生标准,对考生实行综合素质评价,积极推进自身人才选拔综合评价体系的构建,并在中学校长实名推荐和试点学院招生录取制度中进行试验。在我们的评价体系中,对一个学生的评价从智商、情商、德商综合考虑。主要包括学生高中三年学习成绩、大学测试成绩、高考成绩、参加社团情况、公益活动情况、获奖情况、基本体能、团队意识与合作精神等多方面内容。天津大学尝试开展以"大学前课程"为代表的全面教育教学合作和强化学生综合评价体系的合作交流,强调"两个走进",即天津大学名师走进中学,开课程、做报告;邀请中学师生走进天津大学,举办多种形式的校园开放活动,感受大学文化,聆听大师讲座,体验实验创新。

南开大学今年实施的"公能英才选拔计划"广受与会者关注。该校副校长杨克欣认为,学校应将"公能"素质教育理念融入自主选拔录取工作的各个环节中:一是把自主选拔录取对象由"综合素质高、全面发展的优秀应届高中毕业生"转变为"认同南开大学'公能'素质教育理念,具有学科特长和创新潜质的优秀应届高中毕业生"。二是在报名材料中,学校要求学生除了要提交能够证明其具有学科特长的证明材料外,特别要求学生提交"公能"陈述表。该表包含学生个人成长经历、自我评价、参加社会实践和社会公益活动的情况、未来规划等。在初审过程中,"公能"陈述表被作为对考生评价的重要依据之一。

北京师范大学副校长陈光巨介绍北京师范大学有四类自主招生的方案:第一类叫作引领计划,这是今年才做的,目的是培养教育方面的领袖人才。第二类是星光计划,主要培养基础拔尖创新人才,涉及数理化、文史哲、生物地理这些基础学科。参与这两个计划的学生要参加"北约"考试。第三类叫作师表计划,因为教师要做表率,所以叫师表。这个计划只针对免费师范生,把一些愿意做教师,或者热爱教师行业的考生吸引过来。第四类叫作攀登计划,包括哲学和天文学两个特色专业。参与后两个计划的考生参加学校组织的考试。

"在自主招生的对象上,我们着重于工程素质,重点考核和测评学生数理基础。一种形式是通过举办物理、化学、数学夏令营(营员为各重点中学推荐的优秀学生),为夏令营营员举办一系列科学活动,对他们进行多方位训练和考察,进而评选出一批数理化素质较好、动手实践能力和自主创新意识较强的优秀营员作为我校自主选拔录取对象。另一种形式就是试点与重点中学联合设立'卓越工程师'培养基地,经过文化课考核,选拔出一些综合素质好、文化成绩优秀且具有创新科研潜质的学生进入该基地班。"东南大学党委副书记刘波说。

北京外国语大学校长韩震说:"现在有些学校搞自主招生,招收专业涉及各个学科,我认为这不科学。因为凡是基本的数理化、公共通用的人才,还是交给高考。自主招生要在某些专业即一些特殊专业招生。我建议,农、林、地、矿、油、师范这些特殊的或艰苦的行业,如乡村教师、乡村医生等,都可以自主招生。对某些特殊专业,如天文、哲学,这些学科是冷门,大家未必愿意学,而且还需要特殊的兴趣和才能,也可以考虑自主招生。"

在任何社会条件下,社会公平、教育公平都是公众第一位的诉求,自主招生不管以何种方式进行选拔,都不能突破公平公正的底线。

注重人才选拔质量 坚持公平公正原则

公平公正涉及自主招生的方方面面。华南理工大学副校长邱学青说:"卓越大学联盟成立以来,通过高校的联合命题或者第三方命题、全国布设考点等方式,统一并简化了笔试科目、降低了经济与时间成本,使考生受益,体现了'以生为本'的理念;同时提供了更多的机会让广大考生特别是乡镇、农村考生参与进来，提高了公平性。例如，卓越大学联盟目前在全国设置 31 个考点，考生可就近应考，分数在联盟内互通。华南理工大学采用校荐和自荐相结合的方式进行自主招生，向包括民办中学在内的全国所有中学开放，还对广东省的每一所中学，至少给一个名额，让更多的考生获得了参加自主选拔的机会。"

北京师范大学副校长陈光巨认为，自主招生对大学教育教学、人才培养改革会起到非常好的推动作用。在自主招生的评价中，我们不注重知识点的考试，而是强调评价考生的综合能力和素质，通过面试来发现考生的优势和潜质。那大学生的考试应该怎么做？还是遵循现在常用的留两周时间复习并利用开卷或闭卷的考试来评价学生的学业成绩吗？以这种评价方式能培养创新人才吗？把中学生的考试做好了，大学自己的课堂教学和评价方式也要往这个方向走，从而引导教学方式发生变化，学习方式发生变化，这才是最重要的。真正的创新能力的培养，是要在老师的指导下，依靠学生的自主学习和相互探讨来实现。同时，大学也要利用自主招生考试这种方式，引导中学发生改变。

"大学自主招生看似简单，却折射了教育思想观念，传递着社会价值观。常常听到高中学校抱怨大学录取学生的标准导致了高中的应试教育，而大学也抱怨中学的人才培养过于死板，难以满足创新人才培养的需要。作为中学教育指挥棒的高校自主招生政策或方案，如果仅从'掐尖'角度考虑，难免会陷入缺乏社会责任感的境地。中学、大学如何携手为创新人才选拔与培养营造良好的教育生态环境，应当引起人们深思。"江苏省泰州中学校长蒋建华说。

今年，南开大学自主选拔录取工作向西部地区、贫困地区倾斜，为西部集中连片特殊困难地区的 70 多所中学分配了 150 多个校荐名额，占校荐名额的 10%。同时，学校在去年原有的 8 个考点的基础上，在西部地区专门增加了云南、四川 2 个考点，学校还为家庭经济困难的学生提供参加自主考试所需费用。南开大学副校长杨克欣说："在自主考核选拔过程中，学校坚持公平公正的原则，纪检监察部门全程参与自主选拔录取全过程，并实施有效的监督。招生部门严格遵守教育部的有关规定，及时公布招生信息并上报教育部备案。"

东南大学党委副书记刘波说："下一步自主招生的完善重点在于考核与选拔方式上。韦钰院士目前正在从事脑与教育的科学研究。脑科学的研究成果支持了高中阶段人才成长的规律。韦钰院士强调教育决策应该基于脑科学研究成果，应该有实证方面的基础。这一点我们在今后优化选拔机制中会充分借鉴。此外，我还觉得，在高考层面应该充分考虑和倡导公平，在特长学生的选拔方面可以考虑效率，这就涉及创新人才怎么定义，有多大比率，5%好还10%好。这需要在实践中摸索。"

"北约"、"华约"和"卓越"三大联盟协作招生，大学中学携手共同培养选拔是近来自主招生发展的一股强劲力量，它将不断释放出巨大的能量。

各方携手合作　提高选拔综合效能

天津大学校长李家俊强调："'卓越大学联盟'作为国内9所具有理工特色的重点综合性大学组成的高校联盟，直接起源于自主招生合作的需求。3年间，先后有10多万名考生经过初选参加了卓越大学联盟自主选拔学业能力测试，联盟9校共录取约6 000名优秀学生进校学习。同时，联盟9校还共同组织与中学的交流与合作。面对未来的机遇与挑战，卓越大学联盟将继续深化合作，围绕高等学校人才培养、科学研究、服务社会、推进文化传承等职责，进一步探讨卓越人才培养目标和模式，进一步促进教育资源共享，进一步推动校级层面的科技协同创新。"

对于卓越大学联盟的成立，华南理工大学副校长邱学青持肯定态度。他认为，联盟的成立有利于各大学管理经验的有效交流及资源共享，能取长补短，提升各联盟大学的整体质量。卓越大学联盟本着追求卓越、共享资源、协同创新的原则，签署联合框架协议，共同推进大学教育改革与卓越人才培养。合作内容除自主选拔以外，还包括本科生和研究生交流与联合培养、师资队伍建设、国际合作与交流、产学研合作、图书资料共享等。自联盟成立以来，成员高校都积极参与各项合作并受益匪浅，达到了协同共赢的目的。

培养选拔具有创新潜质和学科特长的学生，大学中学必须携手合作，互通有无,优势互补,才能达到最大效应。北京化工大学校长谭天伟说:"北京化工大学自主选拔录取的主要对象是具有学科特长和创新潜质的优秀学生。我校与中学签订《高质量高层次创新人才培养协议》,通过给予优质生源基地中学在自主选拔录取中的免初审优惠政策,并跟踪实际录取的这部分学生在校表现,探索在优质生源基地中学开展先修性课程,并针对选修学生的具体表现,探索适合学生个性化发展的大学课程设置。同时,我校通过加强与优质生源基地中学的各项交流活动,积极了解中学生的发展需求,完善创新人才培养途径。"

江苏省泰州中学校长蒋建华认为,高中、大学应共建创新人才实验基地,建立高校录取直通道。各高校可在全国选择部分中学设立创新人才培养实验基地(或实验室),以基地为桥梁,加强中学与高校、科研院所之间的互动、合作与交流。学生之间、教师之间、校长之间都可以互动,比如让大学教授走进中学课堂,让中学校长或老师走进大学讲堂,等等。通过考察、交流、实践,长知识、增才干、拓视野。对于实验基地学校的考生,建立校长直接推荐、自主录取直通道。

广西柳州高级中学校长李昌林强调,通过自主招生,高校与高中之间的联系更加密切,高校特色文化的渗透和浸润赋予了高中特色办学更大的成长空间,让高中生提早接触和了解大学,增进对高校文化的认同感和归属感;同时,各个高校由于办学特色、办学目标的不同,传统和优势学科也不尽相同,多元化的招生途径有利于高校选拔出适合本校人才培养和发展的潜力学生。

如何解决综合素质评价难的问题,北京外国语大学校长韩震认为,只有大学中学配合才能解决好这一问题。有了这种配合才能减轻学生负担,才能有利于培养创新人才。怎么减轻学生负担?评价制度改革、自主招生就可以解决这个问题。因为现在孩子的道德品质是没有办法评价的,至少现在没有办法解决这个问题。我觉得中学以后可以搞排行,不是从第一名到第一百名。而是按照比例,前10%属于A,前20%属于B,前50%属于C。大学据此参考一个孩子长期以来的成绩、表现、特殊兴趣和天赋,以及生活态度、心理状况、道德表现等,这样就比较合理。

第三章

第三届著名大学中学校长峰会

第一节　峰会综述
第二节　高校如何选拔创新人才
第三节　大学中学教育如何衔接

2010年4月26日,由中国人民大学、《中国教育报》、中国教育电视台共同举办的第三届著名大学中学校长峰会在中国人民大学举行。这次峰会以"创新人才的选拔和培养"为主题,重点探讨培养学生创新精神、因材施教培养创新人才等议题,并提出大学与中学人才培养计划相衔接的命题。

第一节　峰会综述

《人大宣言》

在《国家中长期教育改革和发展规划纲要（2010—2020年）》即将颁布实施之际,由中国人民大学、《中国教育报》、中国教育电视台共同举办的第三届著名大学中学校长峰会于2010年4月26日在中国人民大学隆重举行。著名大学、中学的校长们围绕创新人才的选拔和培养这一主题进行了广泛深入的探讨,达成了诸多共识,并发表了《人大宣言》。

大会认为,教育兴则国家兴,教育强则国家强,当前中国正处于从教育大国、人力资源大国向教育强国、人力资源强国转变的关键时期,我们必须继续解放思想,深化教育改革,促进教育发展,选拔和培养创新人才。

大会认为,创新人才培养应该从基础教育做起,大中小学有机衔接,学校、家庭、社会密切配合,要营造尊重创新、鼓励创新的创新文化,形成有利于创新人才成长的环境和氛围。创新人才的选拔要以考试和招生制度的改革为突破口,建立科学的创新人才选拔机制。

大会认为,培养拔尖创新人才,关键在于人才培养模式创新,而人才培养模式创新的关键在于制度创新,要遵循教育规律和人才成长规律,深化教育教学改革,创新教育教学方法,探索多种培养方式,形成创新人才不断涌现的新局面。

大会认为,创新人才既需要扎实的理论基础和知识基础,更需要创新思维和创新人格。要注重创新人格的养成，注重激励学生的批判性思维，注重培养学生的社会责任感，以及追求真理、献身科学的品质，注重培养学生关注现实、关注前沿的学术品格，注重培养学生严谨勤奋的学风和创造的兴趣，注重培养学生善于同他人团结合作的协作精神。

大会呼吁，教师乃至所有教育工作者都是培养创新人才的主体，教师、校长和其他教育工作者，要在实践中大胆探索，创新教育模式，形成创新人才培养特色。

大会强调，创新人才的培养是建设创新型国家的关键，是实施人才强国战略的重要内容，要深刻认识创新人才选拔和培养的意义与价值，以更加开阔的视野、更加有力的举措推进创新人才的选拔和培养，努力开创创新人才选拔和培养的新局面。

第二节　高校如何选拔创新人才

大学中学携手 培养创新人才

教育部高等教育司司长　张大良

在这春意盎然、花团锦簇的四月，第三届著名大学中学校长峰会在我国人文社科的重镇——中国人民大学开幕了。在此，我谨代表教育部高等教育司向峰会的举办表示热烈祝贺！

从柳州峰会到央美峰会，再到今天的人大峰会，在短短的几年里，著名大学中学校长峰会已经成为一种品牌，引起社会高度关注。以往我们看到的其他峰会，多半是大学谈大学的、中学谈中学的，大学校长和中学校长难得坐在一起交流研讨。这里，我要特别感谢《中国教育报》发起这一峰会，选择的主题也极具前沿性，富有讨论价值。我们期待，诸位名校校领导能充分利用这次峰会，给大家带来一种全新的思考。相信，这次峰会必将成为一场精神的盛宴。

培养创新人才是一项永恒的事业。这项事业在我们建设创新型国家、实现中华民族伟大复兴的进程中具有更加特殊的重要战略意义。大学和中学培养创新人才也是一个系统工程，其核心问题在于如何在中学和大学培养学生的创新精神，增强学生的创新能力。我们一定要着眼长远，从细微入手，把学校教育、社会教育、家庭教育结合起来，营造创新人才脱颖而出的良好氛围。中学应高度关注学生的兴趣、志趣和志向，采取切实有效的措施，激发学生的兴趣，激励学生的志趣，引导学生的志向。大学应对人才培养模式、教学内容、教育方法和评价制度进行系统改革，培养学生甘于奉献、服务国家人民的社会责任感，勇于探索的创新精神，善于解决问题的实践能力，不断提高成才率、优才率。我们可以在一部分中学和大学进行试点，建立中学和大学联合培养拔尖创新人才的机制，使大学和中学之间在学生选拔、培养、评价和课程设置、教学内容、教育方法等方面衔接得更好。

中共中央、国务院印发的《国家中长期人才发展规划纲要（2010—2020年）》指出：创新人才培养模式，建立学校教育和实践锻炼相结合、国内培养和国际交流合作相衔接的开放式培养体系；探索并推行创新型教育方式方法，突出培养学生的科学精神、创造性思维和创新能力；建立高等学校拔尖学生重点培养制度，实行特殊人才特殊培养；改革高等学校招生考试制度，建立健全多元招生录取机制；组织实施"青年英才开发计划"。《国家中长期教育改革和发展规划纲要（2010—2022年）（公开征求意见稿）》指出，探索高中、高等学校拔尖学生培养模式，实施基础学科和应用学科拔尖学生培养试验计划。

这项计划有七个方面的改革重点：一是学生遴选。注重考察学生的综合能力、学术兴趣和发展潜质，实行动态进出机制和自由选择专业机制，将最优秀的学生选入计划进行培养。二是教师配备。实施导师制，安排高水平专家、学者担任导师和授课教师，聘请海外知名学者主持或参与教学。三是教学模式。实行小班教学，突出个性化培养，让学生有自由探索的时间，开展自主学习，参与科研项目训练。四是教学管理。导师指导和班级管理相结合，实行灵活的课程选修、免修和缓修制度。五是条件支持。国家重点实验室、开放实验室和国家实验教学示范中心等向参与计划的学生开放,并为学生科研创新活动提供专门支持。六是氛围营造。通过世界级科学家访问、高水平学术报告等形式,营造浓厚的学术氛围和开放的交流平台,激发学生的求知欲和创新潜能。七是国际合作。通过联合培养、暑期学校、短期考察等方式,分期、分批将学生送到国外一流大学一流学科进行交流。我认为,这项计划一旦在部分高水平大学率先实施,将会对部分高水平中学产生重要影响,加快中学与大学在培养拔尖创新人才方面的交流、合作与衔接。

大学毕业生零星开展自主创业早已有之,而创新创业教育是20世纪90年代在一些高校悄然兴起的,部分高校对创新创业教育做了有益的自发性探索,如清华大学以学生创业计划竞赛为载体进行创业教育探讨与实践,复旦大学教给学生创业基础知识和基本技能,华东师范大学尝试开设创业教育课程,武汉大学实施创造、创新、创业的"三创"教育,等等。2002年4月,教育部在清华大学、北京航空航天大学、中国人民大学、上海交通大学、西安交通大学、武汉大学、黑龙江大学、南京财经大学、西北工业大学9所大学开展创新创业教育试点工作,这标志着我国高校创新创业教育进入了教育行政部门引导下的多元探索阶段。

2008年,教育部通过"质量工程"项目,又立项建设了30个创业教育类人才培养模式创新实验区,扩大创新创业教育的试点范围。多年来,这些试点院校通过不同方式的探索,积累了一定的经验和可供借鉴的好做法,为在全国高校全面推进创新创业教育起到了重要的示范作用。

教育部召开了推进高等学校创新创业教育和大学生自主创业工作视频会,下发《教育部关于大力推进高等学校创新创业教育和大学生自主创业工作的意见》,成立由知名企业家、企事业单位专家、高校教师、有关部门负责同志参加的高校创业教育指导委员会,建立了高教司、科技司、学生司和就业指导中心的工作联动机制,形成了创新创业教育、创业基地建设、创业政策支持、创业指导服务"四位一体、整体推进"的格局,这标志着我国高校创新创业教育进入了教育行政部门指导下的全面推进阶段。

面向全体学生、结合专业教育、将创新创业教育融入人才培养全过程,这是创新创业教育的核心内涵。创新创业教育的本质是创新。创新创业教育既是适应经济社会发展和高等教育自身发展需要应运而生的一种教育理念,也是一种教育模式。

我们的基本思路是,以转变教育思想、更新教育观念为先导,以培养全体学生的社会责任感、创新精神、创业意识和实践能力为核心,以改革人才培养模式和课程体系为重点,立足专业教育实际,通过专业教育教学改革,大力推进高校的创新创业教育工作,不断提高人才培养质量。同时,为一部分具有创业欲望和能力的大学毕业生提供政策、资金支持,使他们能够顺利实现自主创业,为社会提供就业岗位。

我们认为,在高校开展创新创业教育,有助于大学生树立创立事业、成就事业,为社会主义现代化建设服务的人生观和价值观;有助于提高大学生服务国家人民的社会责任感、勇于探索的创新精神和善于解决问题的实践能力;有助于激发大学生学习兴趣和创业热情;有助于促进大学生个性化发展和综合素质的提高。

关于如何在高校推进创新创业教育,我们提出了一些具体要求:一是要加强创新创业教育课程体系建设;二是要加强创新创业师资队伍建设;三是要广泛开展创新创业实践活动;四是要建立创新创业教育质量评价跟踪机制;五是要加强创新创业教育工作研究和经验交流,积极探索建立具有中国特色的创新创业教育理论和实践体系,指导创新创业教育深入持久有效开展。

各位校长,培养创新人才是我们大学和中学共同的神圣使命和重大责任。我们要加强交流,密切合作,遵循教育规律和人才成长规律,深化教育教学改革,创新管理体制机制,探索多种培养方式,形成各类人才辈出、拔尖创新人才不断涌现的新局面。

走出切实可行的育人之路

中国人民大学党委书记　程天权

今天中国人民大学高朋满座，我们相聚在这里隆重举行第三届著名大学中学校长峰会。著名大学中学校长峰会创始于 2007 年，至今已经成功举办了两届。在教育部领导的关怀和社会各界的大力支持下，在大学校长与中学校长的积极参与下，峰会已经成为中国教育界的一件盛事，为基础教育和高等教育搭建了有效的交流平台。

中国人民大学是一所具有悠久历史和光荣传统的大学，始终保持对祖国和人民的无限忠诚和高度的使命感、责任感，立学为民，志学报国。21 世纪以来，广大师生员工高举改革创新的旗帜，坚持质量第一的发展理念，解放思想，抢抓机遇，敢为人先，团结奋斗，使学校的面貌发生了巨大的变化，内在的影响力不断增加，在人才培养、科学研究、社会服务等诸方面取得了历史性的显著成就，向建设人民满意的世界一流大学迈出了坚实的步伐。

本届峰会的主题是创新人才的选拔和培养。不久前公布的《国家中长期教育改革和发展规划纲要（2010—2020 年）（公开征求意见稿）》指出，要牢固确立人才培养在高校工作中的中心地位。在长期的办学实践中，我们认识到，创新人才的产生必须具备广泛扎实的基础。

中国人民大学坚持为创新人才的选拔和培养提供良好的平台，创造良好的环境和条件。我们没有选择以高额奖励作为学术创新的刺激条件，重奖之下造就出来的未必是勇夫，可能是莽夫。学校要奖励成功，也要包容失败，坚持尊重人才、尊重知识、尊重劳动、尊重创造的基本思想。学校在严格要求教师的同时，建立了灵活考核机制，鼓励教师十年磨一剑，多出精品。

学校倡导跨学科的方法，支持头脑风暴，通过讨论和碰撞鼓励师生产生创新火花和创意亮点。在这样的情况下，学校出了一批优秀成果，《中国创新指数报告 2010》等的发布，就是学校不断推进学术自由的产物。已经产生重大国际影响的北京2008年奥运会研究、人文北京研究、汉语国家推广等重大研究课题，是学校跨学科联合，多层次、全方位攻关的成果。

对具有很好潜质的学生，特别是一些重点中学推荐选拔上来的优秀创新人才，学校探索开创了一些特殊的培养措施和模式，通过设立明德书院推进拔尖创新人才培养工作。本着优中选优、改进人才培养模式的目的，学校开办了经济学-数学双学位实验班、金融学-数学双学位实验班、工商管理-法学实验班等若干拔尖创新人才培养实验班，创新教学方法。在培养人文社会科学拔尖创新人才方面走出了一条切实可行的育人之路。

沟通思想、交流经验是本次峰会的基本目的，衷心希望大家在这里畅所欲言，留下真知灼见，为科教兴国人才战略的实施做出新的贡献。

推动大学中学教育和谐发展

中国教育报刊社社长　史习江

著名大学中学校长峰会已经成功举办了两届。经过几年的努力，从国家教育行政管理部门到大学中学校长都对大学中学携手培养创新人才的问题给予了更多的关注和更深入的思考。这些都推动了中学和大学这两个不同阶段的教育协调发展的研究，促进了中学教育和大学教育的进一步统筹与和谐发展。

在首届柳州峰会上，周远清指出，各层次教育间的协调问题迫切需要解决，当前，学校普遍重理轻文，导致学校的人文思想欠缺，高考改革必须注重内容和形式，双管齐下。在第二届央美峰会上，柳斌对创新人才的选拔和培养，以及选拔以后如何使用提出了自己的观点。两位先生高屋建瓴的思考为峰会奠定了务实而深远的基调，数十位校长在峰会上提出了自己独到的见解。我们在形成了三个共识的基础上，对教育管理机构、中小学和教育界，乃至社会人士提出了期望：把创新人才的选拔当作当前的重要工作，为创新人才的脱颖而出营造良好的社会氛围与教育环境。这是我们站在改革发展的前沿代表时代发出的心声。

通过前两次峰会广泛深入的研讨，我们对创新人才的问题有了更加深入的认识。无论是大学还是中学，创新人才的培养都必然要受到社会经济体制的制约和引导。在社会主义市场经济蓬勃发展的今天，如何充分把握这一市场机遇，解决创新人才的选拔和培养问题，是我们本次峰会确定的主题。去年秋天，"钱学森之问"引发了广泛讨论。"钱学森之问"是对当前教育体制之问，是对当前的经济转型和教育改革的努力方向之问，回答这一问题需要改革创新的勇气。

《国家中长期教育改革和发展规划纲要（2010—2020年）（公开征求意见稿）》对钱学森之问做出了回应。我们看到，在反复征求意见的过程中，《纲要》关于"把改革创新作为教育发展的强大动力"的提法始终没有变，这说明我们整个社会对改革创新问题的一致体认。教育部部长袁贵仁在肯定由《中国教育报》和中国教育新闻网主办的首届全国教育改革创新奖活动时指出：确实有不少好的经验值得在全国推广，这对教育部门来说也是一次有力的促进和推动，要求我们更好地尊重基层和群众的首创精神，进一步把理论创新、教育体制创新、教育实践创新向前推进。

在2000年世界著名大学校长国际论坛上，中国人民大学校长提出过"社会科学的责任就是引领科技文明成果为人类造福"的著名论点，引起了与会人员的共鸣。今天，我们在享有"中国人文之星"美誉的中国人民大学召开第三届著名大学中学校长峰会，相信必然会取得更加丰硕的成果。

单一的选拔和培养模式亟待改变

北京语言大学党委书记　王路江

我认为，在中国目前的体制下，中学和大学教育的问题症结还是应试教育和素质教育这一对矛盾，更具体地讲，是一元培养的客观现实与多元培养的教育价值取向之间的矛盾，中学与大学这两个阶段在衔接上存在的主要问题是"单一的选拔模式"和"单一的培养模式"的矛盾。

当今社会，应试教育是客观存在的，应试教育的教育价值取向是一元的，以文化课成绩好或升学为主导；教育方式是一元的，以课堂、书本为载体的多讲多练为主；教育评价是一元的，即以分数或升学率对教育质量进行评价。

受"一元"评价标准的影响，目前中学教育尤其是高中教育唯分数至上，高二开始文理分科，高三基本上不开新课，就是高考训练，使学生学习的功利化倾向愈演愈烈。在这种背景下，高中阶段的教育内容和教学方法刻板化现象严重，在突出了共性的同时忽视了个性，在突出了学习成绩的同时忽视了人格的培养，在突出了对知识的记忆的同时忽视了对创新能力的培养。而这些恰恰是大学阶段非常注重的，也是目前社会选拔人才时特别需要的方面。

因此，多元培养和多元选拔势在必行。为了更好地做好中学和大学的衔接，实现一元到多元的转变，要从以下几个方面着手：

首先，要在教育理念上相衔接。无论是中学教育还是大学教育，都需要尊重学生自身需求和身心发展的规律，发挥学生在教育过程中的主观能动性。在这方面，我们需要借鉴国外好的经验和做法。比如，美国高中没有明确的文理分科，没有固定的教室，学生可根据自己选的课，到不同的教室去上。从高中升入公立大学，三个基本条件达标即可：必修课、标准考试成绩和平时成绩。

其次，中学和大学衔接机制要先行。尽管近年来我国现行高考制度进行了很多改革，如保送生制度、小语种提前单独招生制度、中学校长实名推荐制等，促进了人才选拔和培养的多元化，但由于中学和大学的衔接机制还没有理顺，社会上对这些改革也众说纷纭。

出现这一问题的原因很多，衔接机制滞后是其中很重要的一点。在改革的过程中，大学和中学应该根据人才培养的标准，不断探索学生综合素质的考量标准和特长的界定标准，建立中学和大学衔接的长期和长效机制。总之，中学与大学在教育理念、教育方法和教育内容等方面的衔接任重而道远，制度先行尤为重要。需要考虑的是，改革的目标是给中学和大学自主权，让他们按照教育规律和社会需求调整和磨合，还是过分追求"公平"而不断收紧政策，用"大一统"和均衡的思想束缚学校培养创新人才的积极性。

最后，在一元向多元的过渡阶段，特色学校或学科应先行，稳步推进。《国家中长期教育改革和发展规划纲要（2010—2020年）（公开征求意见稿）》指出，要全面提高普通中学生综合素质，深入推进课程改革，创造条件开设丰富多彩的选修课，促进学生全面而有个性的发展。要实现这一目标，就必须对高考制度进行改革，要建立多层次、多元录取、多元评价的考试招生制度，从而引导和推进中学素质教育的实施。

过分强调均衡不利于因材施教

浙江大学校长　杨　卫

我曾写过一篇文章，叫《研究生教育的协同式创新》，提出研究生、导师、培养环境三者之间要形成三位一体的发展态势。现在我想把探讨的目标从研究生延伸到本科生，讨论从学生、教师、学校三个方面，如何实施协同发展的教育模式。

举两个例子。第一个例子有关教育的内涵。教育有三项内容：知识、技能、观念。哈佛大学的前任校长德瑞克·伯克所著的《大学教了没？：哈佛校长提出的8门课》，其中讲到对于知识、技能和观念，教师和学生之间有着内在的分歧立场。知识方面，学生希望能够吸收更多的知识，而教师希望创造新的知识。技能方面，学生想学到今后谋生所必备的手段，而老师往往将其视为一种重复的教学活动。观念方面，学生刚刚步入新的人生阶段，迫切需要建立适用于自己的人生观念，而老师，尤其是理工科的老师，往往很少讲授缺乏实证基础的课。

如果学校的任务是规范教育，那它所采取的行动很可能是制订详细的教学计划，然后规定每门课必须讲授哪些知识点。在这种情形下，可能产生的结果是什么呢？一是课程缺乏个性；二是教授觉得缺乏挑战性，因此千方百计不上课，或者一门课两个人上；三是若学校专门设立一个实验课系列，教授们就不用上实验课了。而学校里的实验课教师就变为弱势群体了。

第二个例子关于人才培养。以我儿子的教育为例，他在美国加州理工学院读博士，就在钱学森先生所在的实验室。我问他加州理工学院和国内的大学有什么区别。他说，教授不断地向学生灌输这样的观念：你可以和我们、和前面的学生同样卓越。钱先生所在的实验室，前年进行了一次新的装修，唯一不一样的是在走廊墙壁上绘制了一个该实验室发展的历史脉络图。这个编年表记录了哪年谁做了一个有名的实验，哪年发生了与实验室有关的学术事件，一直编到2008年。对在校的博士生来讲，他们的信心就慢慢建立起来了。因为师兄师姐们做的工作都是这一著名实验室的重要学术工作，那么，他们自己也可以做出同样优异的工作。

我们的教育理念和实践，有什么不利于协同式教育之处呢？我想可能是理念与经济基础等方面存在障碍。从理念来讲，我们现在比较强调公平或均衡的理念，我们强调对高校的管理，我们对学生的知识有宽、专、交三方面的要求。这些理念本身没有什么错误，但如果过分强调，推到极致，就会产生问题，如果过分强调均衡就不利于因材施教。

从经济基础来讲，无论对大学老师，还是对学校的领导，大家尚没有形成"学生是衣食父母"的观念。对于学校的运行，国家财政提供基本的支持，科研经费提供主要的增量资源。我们现在的科研经费已经开始接近很多国际名校，但是教育经费还相去甚远。我并不认为目前大学的财务构成比例非常健康。对我国的研究型大学来讲，无论是学费，还是校友的捐赠，目前在学校财务的总盘子中的比例都不高（如浙江大学这两者之和也就占百分之几）。这就涉及谁养活谁的问题。老师们觉得自己的科研任务是非常重要的，学生的满意度就排到了第二位。

如何能够实现协同发展的教育模式，我提几点建议。第一，要明确教育是高校的首要任务，科研和社会服务是学校进行其教育主业时协同发展的任务。第二，要建立兼顾公平和因材施教的混合教育模式。第三，国家在不断提高科研经费的同时，也应该对中央部委的直属高校，加大按类别划分的教育拨款，既要考虑研究型、教研型、教学型大学的区别，也要考虑不同的学科对教育经费的不同需求。第四，学校、院系对教师进行评价时，应该确定教授以教育为第一天职的理念，要考核教师与学生、导师与学生之间的融洽关系。

拔尖创新人才早期发现与早期培养缺乏机制

中国人民大学附属中学分党委书记　王珉珠

中国需要拔尖创新人才，这一点大家已达成共识。但在如何发现与培养拔尖创新人才方面，还存在着较大的分歧。

拔尖创新人才的发现与培养要从早期做起。一个人最有创造力的时期是20～40岁，一些诺贝尔奖获得者虽然是在老年才获奖，但是使其获奖的成就却是在青年时期完成的。也就是说，在20岁之前，拔尖创新人才的基本素养就已经初步具备。

我们现在存在的一个很大的问题是，从理论上来讲，中国肯定不会没有拔尖创新的潜在人才，但从实际上来讲，这些潜在人才很大一部分要么是没能最后成才、要么是难以发挥能力、要么是流失到了国外。不管从哪个角度来讲，我们所缺乏的是让拔尖创新人才得以脱颖而出并成就辉煌的机制与平台。

另外，目前，关于拔尖创新人才的早期发现与早期培养也缺乏相应的政策与机制。假如我们没有合适的机制来让有突出潜能的儿童被鉴别、被选拔，那么也就谈不上为其提供合适的教育与培养。

我们的各级领导对培养拔尖创新人才不是没有热情、没有认识，但是在基层，部分人缺乏对培养拔尖创新人才重要性的认识，甚至对培养拔尖创新人才存在偏见，以至于在实际运作时阻力重重。而在其他国家，如美国有专门的《天才儿童教育法》，印度有500多所天才儿童学校，新加坡于1983年推出了"天才班计划"并延续至今。世界各国都在为天才教育铺路搭桥，反观我国，我们对拔尖创新人才的早期发现与早期培养基本上是处于民间自发进行的阶段。

近一段时间，我们一直在努力，希望能建立国家级的"拔尖创新人才早期培养基地"，对拔尖创新人才进行早期的鉴别、选拔与培养，并形成"幼儿园-小学-初中-高中-大学/科研院所"一条龙的拔尖创新人才培养体系。目前，中国人民大学附属中学已经与中国科学院、中国社会科学院等科研院所签订了合作协议，并与清华大学、北京大学、中国科技大学等多所大学达成了合作意向,共同就拔尖创新人才的早期发现与早期培养进行实践与研究。

为拔尖创新人才的出现与培养搭建平台,其实还有一个很重要的问题就是社会环境与用人机制。比如说,我们在学校教育里开始强调要敢于独立思考、敢于挑战权威,但如果社会上依然存在官本位、枪打出头鸟等顽疾,那么,我们培养出来的原本优秀的学生到了工作岗位就很难生存。这些问题不解决,中国的拔尖创新人才将始终难以大量涌现。

创新人才培养目标应体现阶段性

北京师范大学校长　钟秉林

全面提升国家教育实力,日益成为全球化时代人才竞争和综合国力竞争的首选战略。在这样的大背景下,我国高等教育和基础教育的改革和发展面临着严峻的挑战和难得的机遇。大学中学应协调改革,努力培养创新人才。

拓展优质教育资源是高等教育和基础教育的共同使命。21世纪初,我国的教育实现了跨越式的发展,同时,也遇到了前所未有的挑战,一些瓶颈问题凸显。社会公众接受教育的心理预期值迅速变化,对高质量教育的迫切需求与优质教育资源严重短缺已经成为教育领域的主要矛盾,并由此引发了人才培养质量、教育公平、学生升学与就业、政府宏观管理与学校自主办学等一系列社会高度关注的热点和难点问题。

缓解这一矛盾的根本出路是拓展优质教育资源。这就引出了两个重要的时代任务:一是提高教育质量,二是促进教育公平。拓展优质教育资源最根本的条件是教师水平和教师队伍整体素质的提高。目前社会上"择校风""辅导热"盛行的深层原因是对优质教育资源的向往和非理性竞争。因此,积极回应经济社会发展需求,努力培养创新人才,是当前高等教育和基础教育的重要使命。

培养创新人才是高等学校和中小学校的共同责任。拓展优质教育资源的核心是提高教育质量、培养创新人才,为国家建设提供人才支撑。各级各类学校都在创新人才的培养过程中扮演着不同的角色。高等教育阶段是培养创新人才的关键阶段,中小学教育起着重要的启蒙性和基础性作用,学生在中小学教育阶段养成的学习兴趣、学习能力、学习方法和学习习惯,直接决定了学生在大学阶段和工作后的成才潜力。因此,培养创新人才是高等学校和中小学校的共同责任。

建设教育强国是高等学校和中小学校的共同任务。建设教育强国已经成为中国教育发展的时代命题,实现这个目标的关键是提高教育质量,这需要高等教育和基础教育协调改革、教育领域内外各方共同努力。目前,高等学校和中小学校至少应在如下几个方面进行统筹研究和协同探索:

首先,在教育观念方面,以下问题值得深思:如何树立符合教育规律和现阶段国情的科学的人才观和多元化的质量观?如何理解教育公平和入学机会均等,是使每个孩子接受同样的教育还是接受适合自己的教育?高等教育阶段要培养拔尖创新人才,这种人才的选拔应该从小学、中学开始还是大学之后再进行?如何理解素质教育的内涵?如何认识应试教育与所谓的高考指挥棒之间的关系?等等。

其次,在人才培养方面:如何确立高等学校和中小学校的人才培养目标、规格和要求,并使其相互衔接,体现出阶段性和层次性?如何优化课程体系和教学内容,使之符合不同阶段的认识规律,并能减轻学生的课业负担?减轻学生的课业负担要从哪些方面着手?我个人认为要精简教学内容,降低教学难度。在对一些问题进行国际比较的时候,我建议,应该到国外的中小学认真调查研究,要进行科学合理的借鉴,不能照搬照抄。

最后,在学校建设方面:如何科学定位,确立发展目标,坚持内涵发展,形成办学特色?如何提高教师的业务水平和师资队伍的整体素质?等等。

总之,这些都需要大学和中学的校长和教师们一起认真思考。只有相互协调、相互衔接、相互理解,形成合力,共同探索,我国的创新人才培养才能再上新的台阶。

负责任的教育才能立于天地间

江苏省泰州中学校长　蒋建华

泰州中学是百年名校，具有优良的办学传统。学校提出了"倡导负责任的教育"的办学理念，即对学生负责任、对老师负责任、对社会负责任。对学生负责任，不仅是对学生的学习成绩负责任，而且要对学生的品行修养及个性特长培养负责任，不仅要对学生现在负责任，还要对学生未来的发展负责任。

与之相对应，我们提出了一些想法和主张，比如"负责任的教育才能立于天地间"。为什么要这样说？现阶段我国学生的课业负担还是比较重的，以牺牲师生的健康为代价换取高分、高升学率的现象比较普遍，大家过分看重升学率。如果大家都有一个责任意识，办好负责任的教育，我想情况会大大好转。

关于创新人才选拔的问题，从中学来说，缺少自主权。我对刚才一位大学校长的演讲很有感慨，高校招生时需要的人才不一定进得来。对当前高中人才培养模式的思考，我认为应该实现"三个适度"：保持适度负担、适度压力、适度宽松。

我建议，培养创新人才要处理好几个问题。首先要增加中学与大学的办学自主权。比如，现在学校要办一些特色班，或者把看中的老师或者学生选入我所在的学校，就很难办到。教育界内外议论颇多，有些话可能有道理，但是有一些话我们要反思。其次，中学与大学人才培养对接与互动要进一步增加。大家都觉得，中小学阶段学生很苦，大学阶段反而轻松些，怎样把从小学到高校的课业负担适度分布，值得考虑。

最后我们希望在中学和大学之间增加考察交流的机会，给学生提供更多的机会，拓宽视野。教师和校长之间也可以加强互动，比如让大学教授走进中学，中学的校长走进大学的讲堂，让中学生能够零距离接触大学的专家和学者。

总之，我认为，教育创新要适度，不能急于求成，也不能过于理想化，要贴近我国的国情，贴近校情，贴近社会实际。教育需要创新，更需要理性智慧与科学。

45 分钟常态教学足以抵消一场创新大赛

东北师范大学附属中学校长 李 桢

当代社会的创新人才应该具备以下几个方面的素质：博、专结合的知识准备，以创新能力为特征的高度发达的智力和能力，以创新精神和创新意识为中心的自由发展的个性，积极的人生价值取向和崇高的献身精神，强健的体魄，国际视野和竞争力，等等。

5~20 岁是人主要的发展时期，很多素质在 20 岁之前就已经基本形成了，包括情绪能力、语言能力以及对科学的热情，这些都是创新人才所具备的人才品质。幼儿园、小学和中学都是健康人格养成的重要阶段。高中教育更多偏重于知识基础的打造，知识基础包括高考的 9 个学科，也包括认知模型、推理策略、综合能力和价值观等，而这些能力的真正形成要在大学阶段。

我的基本观点是创新人才培养的主要任务在高校，高中阶段应当是学生将来成为创新人才的奠基阶段。朱清时院士提出创新能力的培养，首先是培养学生的兴趣，让学生按照自己的天赋和禀性，做自己喜欢做的事情。在这个基础上，高中教育在创新人才培养当中的任务是什么？

我认为，高中阶段的创新人才培养，有两个层面的工作是一定要做的。第一，面对同质化的全体学生，努力让其做到基础要扎实、思维要灵活、个性要多元。在知识的获取与积累方式上，现在 80% 以上的中学，尤其是高中的课堂教学是以讲授为主的，如果要培养学生的兴趣和探究意识、问题意识，就必须改变讲授的方式，让学生有更多的主动参与。

在思维的多元发展与整合上，我国的高中教学都是以讲授结论性的思维为主，所有的教材呈现的都是结论式的内容，学生都是先学结论然后再找出各种理由分析这个结论的正确性，没有给学生一个提出问题的机会，怎么去发现问题？怎么培养学生的探究意识？即使是我们搞了创新大赛，但每天 45 分钟的常态教学也会把这种努力抵消掉,他们又会回到常态的思维当中。高中阶段最应该研究的深刻变革就是知识的呈现方式和让学生学习知识思维的建构方式,现在的教师特别缺乏归纳思维的能力。

学校尤其是高中,应该尽可能地给个体发展提供差异化的选择空间。我问过很多大学校长一个问题:从大学的角度来看,哪些基本素质是基础教育阶段培养所缺失的?很多校长认为,第一个是合作能力,第二个是责任感、责任意识。

而要培养学生的责任感、责任意识,不单纯是课程,更重要的是把学校的独立性和社会的融合与开放相衔接,让学生感觉到在时代发展的过程中,自己应该形成什么样的责任感、责任意识。

第二,要面向特殊学生群体,强调差异发展。在同质化的群体当中,总有1%~5%的学生是出类拔萃的,是在常规课堂吃不饱的,我们需要打破现有国家课程的框架,为这些学生整合高中课程。对于这些学生,他们更需要的是对于个性发展的自我认知与评价,给他们宽松的教学空间。可以探索高中与大学的一体化衔接课程设计,并寻求高校在自主招生和高考政策调整中的衔接实验。

拔尖创新人才须具备三大要素

北京理工大学校长　胡海岩

学生成长为拔尖创新人才,我认为有三种要素特别重要,第一是追求执着,第二是知识宽厚,第三是实践创新。

第一是追求执着。在我心目中,学者可以分为三类:最基本的一类,是把从事学术研究作为谋生的手段,期盼拥有一份体面的工作和一份不错的收入;高一个层次的,是把学术研究作为一种兴趣和乐趣;更高一个层次的,也就是我心目中的一流学者,是把学术研究作为追求真理的过程,这类学者的奋斗目标是追求真理、捍卫真理,像哥白尼这样伟大的科学家。我想,追求执着是创新人才应该具备的最重要的要素。

第二是知识宽厚。改革开放以来,我们对苏联高等教育模式批评得比较多,认为其基础课分量过重、学时过长，导致学制也比较长。我认为，对于苏联高等教育模式应该辩证地分析。在知识大爆炸时代，大学课程的门数肯定会越来越多，但我们不能用知识的宽度来代替知识的深度。一个人要想在某个领域有所创新，必须要在某几门课程上打下非常坚实的基础。只有具有既宽又厚的学术基础，创新才有根基、有深度、有意义。

第三是实践创新。我认为，仅仅有知识积累未必能够创新。创新必须依靠活的知识，而活的知识来自实践。在我国高校中，实践环节的学时数并不少，但多被用来理解和巩固所学的知识，并没有把它当作创新性环节加以充分利用。像课外科技制作，本来是提高学生素质的有益活动，往往变成为了获奖、为了今后保送研究生加分。我认为，应该使学生通过这些环节不仅仅理解和巩固所学的知识，还要温故而知新，在实践的过程中不断产生新的启迪、新的想象、新的创造。

高考要更好地引导素质教育

中国农业大学党委书记　瞿振元

高考要更好地引导素质教育，重要的就是考试内容本身要体现素质教育的要求。当前对于记忆型内容考查多，对能力的测试不够。

从考试方面来说，考试的内容和形式如何更科学，是一个需要研究的问题。同时，一次多门课程的考试也使得学生备考的负担过重。其实，有的课程，比如外语，就可以参考托福、雅思一年举行多次考试，成绩供学校参考的模式，这样既解决了负担过重的问题，也为考生提供了更多的机会。

从招生录取方面来看，最重要的是解决单纯依靠高考成绩、选拔标准单一的问题。进一步讲就是如何扩大高校办学自主权，确保招生录取过程中的公正、公平、公开，以及在信息技术高度发达的条件下，防范考试作弊和考试安全等问题。其中，单纯依靠高考成绩、选拔标准单一是首先要解决的问题，这是解决其他问题的条件和基础。当然，对高考成绩也要做全面理解，它不仅反映考生知识积累的多少，而且反映出学生运用知识的能力，也能从侧面反映出考生的品德和身心健康，所以不能把高考成绩仅仅理解为智商和智育。当然，高考成绩只反映了学生的某些方面，还不能反映学生的全部，所以要有多种形式的可供参考的资料，要以科学的价值观评价学生的多元才能。

现在提出以高考成绩为基本依据，同时参考学生的学业水平考试和综合素质评价进行择优录取，我觉得是合理的方案，而且这种形式应该是高考的主体形式。当然这中间还有很多问题需要我们探索，比如如何做好学业水平考试和综合素质评价，因为在不同的地方、不同的老师做这件事，如何掌握相对统一的尺度，这种工作如何不受来自金钱和权力的干扰，确保公平公正。在保持主体的前提下开辟其他的考试方式以利于选拔专门人才、创新人才。

学以致用是真理

微软亚洲研究院院长　洪小文

我们的社会是多元的，需要跨学科整合知识。我们学理工的，不管是做工程、做产品、做研究，很多都是重复性的，实际上我们创新的东西还没有搞文学和艺术的多。一篇文章或者一个雕像，如果已经有前人创作过的话，别人是不会对这些东西感兴趣的。所以我在研究院里一直鼓励我们的研究员能够跟不同领域的人才，包括文学艺术领域的专家多多交流，让我们的左脑能够跟右脑互相配合，以碰撞出更多创新的火花。我非常鼓励学生在学校时，能够与不同专业的老师和同学多接触。

在微软，我们工作的很大一部分内容是技术转移。平常我们对技术进行储备，然后把技术转移到产品部门，做出的产品最终对用户有所贡献。对学生我想强调一个概念，叫知识转移，即用所学知识解决实际问题。现在国内外有很多商学院都要修《孙子兵法》。谁能真正地把《孙子兵法》的知识转移到所从事的领域中，才能脱颖而出。在学校里是否能有一种机制，鼓励或观察到谁能够在这方面做得更好，我相信这对创新人才来说是一个很重要的指标。

在中国，要彻底改变高考制度短时间之内是不切实际的。怎样在细节上做一些改变呢？刚才提到左脑、右脑的相辅相成，不管学什么专业，逻辑思考能力是非常重要的。广义地讲，逻辑的思考就是决定先完成什么事情，再完成什么事情，也就是我们平常说的条理分明。对于上面所说的知识转移的过程，其根本就是考验一个人的分析和逻辑推理能力。不管是哪一个专业，逻辑思考对创新思维的培养都是大有裨益的。

创新人才要有独立思考能力

北京市第十五中学校长　邰亚臣

坦率地讲，到目前为止，中学如何和大学配合进行创新人才选拔还是没有令人满意的做法。

当前对竞争的过度渲染，让学校成了战场，学生、老师还有家长都成了战士。但社会不是只有竞争。没有闲适、自由的土壤，就不会开出创新的花朵。

我认为当前不管是中学还是大学，最重要的是要让学生的生活回到原来的状态，恢复对很多问题本真的兴趣。我常常想，与其天天喊着创新，不如降低功利要求把平常有意思的活动坚持办好，慢慢就会生成一种力量。

我认为创新人才有一个重要的特征就是独立思考的能力，但这是最为艰难的事情。如果有这样一个环境：面对一个几乎是众口一致的问题时，还能听到不同的见解，那么离创新人才的出现就不远了。但现实是我们很难听到不一样的声音，在教育界，像在中学，在压力之下，学生和老师都失去了闲适的空间。生活水平的提高，科技的发达，新鲜事物的涌现，我们的生活空间好像大了很多，但思维的空间似乎变小了。

允许学生按照自己的方式思考，就是尊重人的多样性。人群的生态平衡是创造力产生最为适宜的环境。

第三节　大学中学教育如何衔接

用"高原山峰"模式培养创新人才

北京外国语大学校长　　陈雨露

长期以来大学和中学之间已经处于一种"老死不相往来"的状态。

我觉得，一方面，中学和大学的衔接还是应该放在终身教育体系和建立学习型社会当中考虑。就是说大学是国民教育体系当中的一个更高的阶段，而不是中学教育的目的，二者的共同使命就是为了实现人的全面和自由的发展。另一方面，大学对中学的人才培养的期待主要有三点：一是知识基础，二是健全人格，三是开放思维。

关于开放思维，问题意识和开放思维恐怕是我们的教育体系当中大家批评得最多的。我们经常反思，在大学的培养过程中，我们并没有给出一个问题意识和开放思维的训练。拿我们大学来讲，大学里面主要是学语言，怎样翻译得更加漂亮，但是宏观思维能力、抓问题的能力、协调能力却比较弱。希望我们的教育改革能够符合人才成长规律，让心灵与心灵触碰，让思想自由漫步。我们希望中学能够进行启发式教育，增强学生的自我学习能力、自我管理能力，这是大学对中学的核心期待。

我还想谈的一点是"高原山峰"模式。大学希望成为高原培养的平台，我们愿意高质量地培养高原基础产品，输出给社会。同时对于奇异之才，或者是国家战略需要的高端人才，希望通过我们大学的培养，他们能具备更高的素质和能力。

我想我们大学要做的不管是"高原模式"也好，还是"山峰模式"也好，最重要的是一定要为中学来的优秀人才准备好一批博雅通达、心平气和而又静水深流的大师，没有这样的大师，大学就不可能让人才走向高原，走向山峰。总之，对于中学、大学来说，在思想观念、培养模式改革上走在前列是最为重要的。

大学与中学具有相同目标

对外经济贸易大学校长　施建军

中学和大学本来是一个渐进式的学习过程，这个过程是不能中断的。中学的学习通常是死记硬背式的，对知识的创造学习、创新学习能力的要求相对比较宽松。这个体系的目标是高升学率。大学是以成才率和就业率来评价的。二者培养目标是有差异的。中学走在应试教育的道路上，大学走在素质教育和创新教育的道路上。两者的目标产生了分歧，这就使得中学和大学教育教学方法的对接有很大的空间。

大学和中学应该有共性的东西，我们共同培养具有高素质、创新性、德智体美劳全面发展的社会主义接班人。为什么总说中学和大学的教育联系不起来，那是因为我们发现学生到了大学已经没有学习的兴趣，没有求异的思维，没有提问的能力。

在中学的教育中要强调发散性思维。一个人发散性思维越强，可能创新的能力就越大。而应试教育把很好的思维特征都泯灭掉了。我们有很多奇才、怪才、偏才，对于他们，我们应该有通道。我们的中学大学要坚持学生分类培养，不能只用同一个标准。

我们的体制、文化、理念、管理方法、教学内容等都要对接，我们的大中小学校要全面对接，因为我们的最终目标是一样的，培养高素质的人才、创新人才。而且应该从小学，甚至从娃娃抓起，小学、中学、大学共同努力探索，任何一个环节出了问题都培养不出创新型的大师。

重视资质优异学生的发展

广西柳州高中校长　李昌林

资优生是未来创新人才的中坚力量，我们应当重视资优生的发展。我们认为在学业、艺术、运动以及交往等方面显示出天分的学生都是资优生，其在同龄人中占 1%～3%，他们是一个国家和社会的稀缺资源。重视对资优生的早期发现和培养是高校拔尖创新人才培养的基础，对民族振兴和社会进步都起着重要的作用。我认为如何使学校教育关注每个人的充分发展，特别是让具有某些天分的学生脱颖而出，是值得各级学校关注的问题。

普通高中是学生个性形成、自主发展的关键时期，对提高国民素质和培养创新人才具有重要的意义。

具有创新能力的英才必须具备高度的社会责任感，具备基本的核心价值观，因此在资优生发展的高中阶段，既要关注他们自主发展能力的充分发展，又要关注他们健全人格的构建，既要有追求卓越、自我超越的引领，又要有现代文明道德观念。要让他们在张扬个性的同时又能够坚守道德良知，在日常生活中体现良好的教养和能力，能够在关心社会时体现人格和智慧，使他们成为具有强烈的国际意识的人。

资优生通常思维活跃，求新求异意识强，因此要为他们的发展提供个性化的教学，要关注高校选拔和探索创新方式对中学的影响，要善于借鉴国内外学校创新的经验。

资优生的发展不仅需要高中、大学共同关注，还需要小学、初中，以及家庭、社会、科研机构和企业的共同关注，更需要政府的政策推动。

寻找大学与中学的衔接点

北京丰台二中校长　王志江

我们的中学教育过多地关注智力的开发和提高，忽视了智慧的培育。有智慧的人一定会对未知世界充满疑问。有智力无智慧的人可能有小发明创造，而真正有大智慧的人才能做出大发明和大创造。

现在中学的教育在这方面比较欠缺，这个过程大学是可以介入的。我建议，大学的人文学科的博士生到中学讲一些诸子学说等人文经典，作为校本选修课开设，而且把博士生开设的这种课程一并纳入学分管理，成为必修学分。我们和首都师范大学的合作运行得非常好,我希望能够跟更多的大学有这样的合作。这样的课程不仅是智力的开发,更是心灵的滋养和智慧的启迪,能激发中学生对某个学科或者领域的兴趣,有了这样的兴趣,我想创新是不难的。

能够让大学的文化像清新的空气潜入中学,让大学重学术的文化对中学以经验为特征的文化产生一定的影响。大学和中学相互激活,我觉得是非常重要的一件事情。

大学与中学的教育教学该如何衔接,要回答这个问题首先要找到大学与中学的共同点,或者是衔接点。我们面对的学生不一样,教授的知识内容不一样,学生的特点也不一样,但是有一点是相同的,不管是大学还是中学,我们共同面对的是的人类的文明。作为中学来讲,我们怎样确保我们的孩子在面对人类文明时拥有清醒的意识,有一种觉察,并在他们进入大学后能够将其加以延续。

创新人才培养需全社会共同努力

北京交通大学校长　宁　滨

创新人才的培养不仅是教育界的事,也是全社会的事。我认为在创新人才的培养方面,目前主要还停留在概念层面。从社会层面来讲,可能更多的是把这个责任推给了学校,认为创新人才的培养是学校的事,而学校又认为缺乏整个社会的配合。实际上,创新人才培养是一个系统工程,没有家长、社会和政府的配合和协作,仅仅靠教育界是很难完成的。

教育界谈创新人才的培养离不开三个主题:学校、教师、学生。首先,从学校来讲,要给学生提供很好的硬件,很好的政策和环境。大学里所有员工的理念都应该转变,应认识到存在的问题。

其次是教师。教师对创新人才培养非常重要,但是我觉得教师从思想观念、教学方法、自己的学识结构上还有不适应的地方。作为教师如何通过高水平的科研,站在学科前沿也是一个重要方面,如果教师自己不站在学科的前沿,就很难在创新人才培养中激发学生的创新意识。教师在教学理念和方法上不适应仍是我们面临的主要问题。我每个学期都坚持听课，在听课过程中发现老师不善于在课堂上搞互动激发，而且不会鼓励学生提问，有时候还认为学生不该提问，这样学生就不敢提问了。我感觉学校在创新人才培养方面要走的路还是很长的。

最后是学生。目前在全社会功利色彩浓厚和浮躁之风弥漫的情况下，应该让学生从做小事做起，脚踏实地。创新要有积累，要厚积薄发，是一个漫长甚至艰难的过程，不是凭空想象。我们不要把创新泛化，真正有意义的创新是需要付出艰苦努力的，甚至是一生的追求或几代人的追求。

焕发学生内动力

华南理工大学副校长 邱学青

培养创新人才，首先要解放思想，转变观念。我们都知道传统的教育往往注重知识的传授，包括很多学校提出的"厚基础、强能力、宽适应"的做法。我们认为这种培养方式对大多数的学生是可行的，但不利于部分优秀学生的快速成长。对于优秀的尖子生应该采取"因材施教，量身定做"的培养方式，应该在高原上建设高峰。

我认为，首先，要通过让学生深入了解专业，提高他们的兴趣，激发他们对知识探究的积极性，要把被动学习转变为主动学习。如果对专业不感兴趣那驱动力就不够，所以首先应该加强他们对专业的了解。

其次，在机制方面，创新人才的培养要改革模式，创新机制。学校层面应该有制度的保障，应该鼓励和认可学生对他感兴趣知识的学习。

再次，要打造一个平台。平台应是多方面的，校内校外、课内课外、国内国外全打通的。我们有非常多的科研平台，有国家级实验室、工程中心、省级实验室等，如果这些平台能够让拔尖创新人才用上，他们就会站在更高的起点上。

最后，创新人才培养要营造好的氛围。学生的培养短时间内出成果是不现实的。对创新人才的培养要允许失败，宽容失败，失败是通往成功的必由之路。要让学生经历失败的磨炼，具备承受失败的心理素质。我们做科研的人都知道，

100次实验只要有1次是成功的,那99次失败都不怕。学校要营造良好的文化氛围,在这个氛围下,创新人才才会一批一批地培养出来。

提高中学生的综合素质

天津市宝坻区第一中学校长　马长泽

目前,高校对高中毕业生的综合素质提出了更高的要求,那么作为普通中学,我们应如何加强对中学生的综合素质的培养呢?

综合素质是指人们自身所具有的各种生理的、心理的和外部形态方面以及内部涵养方面比较稳定的特点的总称。它大体包括七种意识、八种能力,即社会公德意识、民主法治意识、社会责任意识、环境保护意识、团队合作意识、自我管理意识、关心社会意识与沟通协调能力、开拓创新能力、发散思维能力、审美能力、心理承受能力、适应环境能力、自我评价能力、语言提炼和思维概括能力等。

要具备这样的意识和能力,中学必须改变现在的教师讲学生听的状况,要从改变学生的学习方式入手。而要改变学生的学习方式,应先从改变教师的教学方式入手,只有教师的教学方式改变了,才有可能真正改变学生的学习方式。

为什么教师不愿意改变自己的教学方式呢?当然是教师的教学理念转变得还不彻底,更重要的是现行的评价体制还没有改变。多年来在应试教育的背景下,人们的教育理念被异化,分数成为评价学生、教师、学校的唯一指标和内容。学生是否是好学生,看分数;教师是否是好教师,看分数;这所学校是否是好学校,看分数。这样的社会背景下,教师的教育教学异化为只为分数而教,这是教师的教学方式不易改变的原因。

根据这种情况,为了实现培养创新人才的目的,我们需要从改变教师教学方式入手来改变学生的学习方式,变学生的被动接受为学生的主动探究,从而逐步走向创新人才成长之路。

第四章

第二届著名大学中学校长峰会

第一节　峰会综述
第二节　创新人才选拔与培养是我们共同的责任

《中国教育报》、中国教育电视台、高等教育出版社、中央美术学院于 2008 年 10 月 22 日在中央美术学院报告厅举办了著名大学中学校长峰会，峰会包括嘉宾致辞、主旨演讲以及四场圆桌论坛，圆桌论坛的讨论主题分别为"创新人才有什么共同特质"、"如何培养学生自主发展能力"、"自主招生和高考选材"以及"社会需要什么样的创新人才"，并发表了《北京宣言》。

第一节　峰会综述

《北京宣言》

值此庆祝改革开放 30 周年之际，由《中国教育报》、中国教育电视台、高等教育出版社、中央美术学院共同主办，中国教育在线、辽宁美术职业学院协办的第二届著名大学中学校长峰会于 2008 年 10 月 22 日在北京隆重举行。来自全国 20 多所著名大学、中学的校长参加了此次盛会，围绕创新人才的选拔与培养这一大会主题进行了深入的讨论，达成了广泛的共识。

大会认为，改革开放 30 年来，我国教育事业获得了前所未有的发展，系统回顾与总结 30 年来教育改革发展的宝贵经验，对于创新人才的选拔和培养，具有重大而深远的意义。

大会认为，当前，我国教育改革发展进入了关键阶段。要抓住和用好这一重要战略机遇期，进一步解放思想，深化改革，选拔和培养一大批能够攀登世界科学高峰和引领世界知识创新潮流的创新人才，为建设创新型国家和开创中国特色社会主义事业新局面做出更大的贡献。

大会认为，创新人才的选拔和培养是一项系统工程，涉及教育发展的各个方面，贯穿学校教育的各个阶段。

大会呼吁，社会各界和各级教育行政部门、各级各类教育机构，要把创新人才的选拔和培养当作当前教育改革发展的一项重要工作，为创新人才的成长与脱颖而出创造良好的社会氛围与教育环境。

大会呼吁，教育行政部门要积极推进教育体制机制的创新，努力实现学校教育各个阶段的和谐发展，倡导和鼓励各级各类学校在办学过程中遵循教育发展和创新人才选拔和培养的内在规律。

大会呼吁，各级各类教育机构要积极探索与实践创新人才培养的途径和选拔的标准，要通过加强幼儿园、小学、中学与大学之间的沟通与对话，加强各级教育机构教育教学内容与实践活动的衔接与互动，构建一个各教育阶段相互依存与相互促进、有利于创新人才培养的终身教育体系。

大会呼吁，所有教育工作者都应该在创新人才的选拔和培养上承担更多的责任，积极探索和实践选拔和培养创新人才的新思路、新办法。

大会呼吁，要认真学习和借鉴世界各国的成功经验，探索符合中国国情的选拔和培养创新人才的方法和途径，使之成为中国特色社会主义教育体系的重要组成部分，在教育改革发展的全球化进程中扮演重要的角色。

第二节　创新人才选拔与培养是我们共同的责任

统筹中学大学教育和谐发展

中国教育报刊社社长　史习江

值此枫叶飘红的金秋，我们相聚在美丽的中央美院，共同探讨大学中学教育统筹兼顾、和谐发展，促进培养创新人才的问题。

大学和中学作为人才培养的重要阶段，在我国已形成了完整而成熟的教育方法，但长期以来人们总是习惯于对这两个阶段分开进行认识和研究，而对如何更好地统筹这两个不同阶段的教育则相对研究得不够。人们往往把初级教育看成一个为更高级教育培养学生的链条，相对地偏离了教育终极目标，这也是形成应试教育和素质教育争议最重要的原因之一。

事实上，教育作为人力资本再生产过程最基础的必要手段之一，实际上反映了人生存的本质，是生命过程的重要部分，具有独立而丰富的价值，这个过程的目标就是培养一个合格的劳动者。在知识经济初露端倪的今天，一个合格劳动者正面临着日益复杂的局面。无论是科学技术，还是社会经济，都对人才创新能力提出了更高的要求，而如何统筹中学教育和大学教育，使两者和谐发展，促进学生创新能力的培养，正是其中重要的一环。

作为教育部的直属单位，作为教育新闻的权威媒体，中国教育报刊社应当为教育界提供全方位的专业服务。从 2007 年起，我们搭建了著名大学中学校长峰会这个平台，旨在推动对大学、中学教育的统筹、交流、合作、研究。在全国各地著名大学、中学校长的大力支持下，第一届柳州峰会取得了开门红。

今年在潘公凯院长和杨力书记的大力支持下，我们举办了北京峰会，而中央美院在历经 90 年的发展，把握从单一的美术学科向全面适应社会需要转型的历史契机本身，也为我们的峰会提出了新的研讨课题。相信各位校长和嘉宾们一定会在这个峰会上激扬思想、求真务实，为我们伟大祖国的新发展所面临的教育新题提出真知灼见。预祝大会取得圆满成功！

面向未来的教育应具有全球视野

高等教育出版社副总编辑　王　霁

非常高兴有这样的机会和来自全国著名大学和中学的校长、教育界的精英一起交流探讨。

创新型国家的建设离不开创新人才的培养体系，这需要政府、教育单位、教育生产服务机构等各个方面的共同努力，以实现教育理念、教育方式、教育内容的改革和创新。

高等教育出版社作为一个长期植根于教育、服务于教育的出版社，自然也需要在创新人才培养的体系中发挥应有的作用。高等教育要培养创新人才最为关键的是树立正确的人才观念，营造鼓励创新的氛围。

高等教育出版社的发展历程也是新中国高等教育、职业教育、基础教育，从购买教材到自编全国通用教材的发展历程。高等教育出版社在每个时期都发挥了积极的作用，在新中国的人才培养史上写下了独具特色的篇章，成为我国物质文明、精神文明、政治文明建设中的骨干力量。

高等教育出版社从20世纪90年代起开始以培养使用型、创新型人才为目标，其中有代表性的是体验式教学系列产品。体验式教学的核心是以人为本，关注学生在学习过程中的感受，为学习搭建一个立体化的交互式的学习平台，为教学管理者提供整体教学的解决方案，实现精品教材加数字化内容加教学服务的新型教学服务模式。

面对新形势，作为国内出版行业竞争力排名第一的高等教育出版社，针对社会的资源多元化需求，坚持以客户为中心的教材建设理念，创立了立体化教材、整体教学解决方案等先进业务模式，提供以精品教学内容为核心的教学资源提升方案和教学服务。高等教育与基础教育相互关联、相互影响组成了完整的教育体系。

高等教育出版社在做好高等教育出版工作的同时，也积极围绕解放思想、创新求变这一理念开展多样化合作，积极拓展基础教育领域。2007年高等教育出版社与中国人民大学附属中学强强联手，共同创办了人大附中体验成长中心，这个中心的成立是一项新的改革和尝试，借助人大附中在基础教育领域的优质教育资源，利用高等教育出版社的出版平台致力于研究新课程理念下素质教育的新模式，搭建素质教育资源共建共享平台，传播优质教育思想和教育方法。

面向未来的中国教育应当具有全球视野，为全球化经济培养人才，应当具有从形式到内容、从思维训练到人格培养的创新模式。面向未来的中国教育应当承担培养创新人才的重任，我们将根据实际需要建设精品课程教学资源库，为我国人才培养提供优质教学资源支持与服务。

高度重视创造性人才

中央美术学院党委书记　杨　力

1918年，在蔡元培先生的亲自推动以及新文化运动的影响下，国立北京美术学校建立，这是旧中国建立的第一所国立美术学院，由此揭开了中国现代美术教育的篇章。1950年，由国立北京美术学校演变而来的国立北平艺术专科学校，与从延安鲁迅艺术学院演变出来的华北大学三部美术系合并成立中央美术学院，毛泽东主席亲自为学校题写了校名。

进入21世纪以来，中央美术学院审时度势，实现了跨越式的发展，现在已由一个单一的以绘画、雕塑、美术史为主的艺术院校发展为一所包括造型艺术、设计艺术、建筑艺术、基础人文学科的现代形态的综合性美术学院。中央美术学院先后建立了中国画、造型、设计、建筑、城市设计和人文六个专业的教学分院。在近一个世纪的风雨历程中，中央美术学院以深厚的历史积淀为基础，以切实的现实关怀为导向，把建构以中国文化为基础的，有中国特色的美术教育体系作为21世纪的历史使命，把在全球化的大趋势中建构中国特色的文化形象和价值体系作为宏观任务，在艺术创作、教学科研以及社会服务中始终发挥着中国的示范和引领作用。中央美术学院现在已成为国内最高和最重要的高等美术学府。

近年来，我们与外界建立了多层次的合作关系。以往的成绩让我集中思考我们这个教育体系的优点是什么？其实很简单，那就是高度重视创造性的人才。从徐悲鸿担任中央美院第一任院长，到吴作人、江丰等历任院长，中央美院始终把培养人才作为最重要的目标。于是才有了一大批艺术大师，聚集了郁达夫、吕凤子、艾青等文化大师。另一方面，中央美术学院历来重视学生的创造能力和艺术个性的培养，强调不拘一格、因材施教。我们高兴地得知，在不久前有世界平面设计师科学院之称的国际平面设计联盟（Alliance Graphique Internationale, AGI）经过全球会员的集体投票，我院年仅30岁的平面设计老师何军当选为世界AGI会员，使我院的AGI会员达到了三人，占全体会员的近百分之一，而其中两位都是中央美术学院自己培养的。

我们很高兴在中央美术学院举办以创新人才的选拔和培养为主题的校长峰会。著名大学中学校长峰会为什么选在一个艺术院校召开？我们希望给大家介绍艺术院校培养创新人才非常独特和成功的经验。我们希望通过这次大会，为大学和中学的广泛合作提供充分交流和沟通的机会，希望向艺术教育领域之外的各所著名大学和中学校长展示中央美术学院，使大家全方位了解中央美院在创新人才选拔和培养上的思考，共同为培养创新人才的目标而奋斗。

培养创新人才是当务之急

原国家教委副主任、国家总督学顾问　柳　斌

当前社会上有两种倾向性问题：一种是教育国际化的思潮，一种是教育精英化的思潮。我提出一个期望和呼吁。我呼吁大家对教育界目前这两种倾向性问题多一些思考。我们确实需要一大批有国际视野、精通国际法律，对世界政治、经济、文化、科学技术等方面很了解的人才，他们能够把世界上最好的东西拿过来为我们所用。但是，我们还是要慎言国际化。同样，我们确实需要很多精英，非常迫切地需要。但是在选拔、培养人才的时候，在这个过程当中，我想我们还是要慎言精英化。

对于精英如何发现、如何选拔，选拔了以后如何培养、如何使用，这些问题需要大家一起来讨论和思考。现在我更多的是从基础教育的角度提出一些问题和想法，供大家参考。我个人认为，培养创新精神、培养创新人才是我们的当务之急。想一想，我们国家有那么多企业，但是有自主知识产权的产品仅占万分之三，有自主核心知识产权的企业就更少了。正因为如此，我们卖出一台手机，30%的收入是要付知识产权费的；我们卖出一台电脑30%～40%的收入也是要付知识产权费的，再把工本和其他费用扣出去，我们自己还能得多少呢？我们是一个制造业大国，如果这些问题不解决，我们要成为一个制造业强国又谈何容易呢？正因为如此，这次峰会的题目非常重要，也非常及时。而且，把大学校长和

中学校长召集在一起，从整个教育的发展系统上探索这个问题，尤其有意义。在这里谈培养创新精神和创新人才，从我思考的角度出发，提出"五句话、六个字"。这五句话是：

第一，重视知识积累。当前最重要的工作是"提倡读书"。"提倡读书"不是只读一套课本。高等教育出版社和人民教育出版社都是以出版教材为主要工作的单位，是教育部的直属单位，它们在教材建设方面做得很好，但是只读一套教材是不够的，整个教育界，无论是大学还是中学，都要养成非常浓厚的读书氛围，这是培养创新人才最基础的东西。

重视知识的积累就是要重视读书，为什么要重视读书呢？在原始时代，蜜蜂就会铸造蜂窝，喜鹊就会在树上搭巢。但是时至今日蜜蜂还在筑巢，跟 2 000 年前差不多；喜鹊还在树上搭巢，也跟 2 000 年前差不多。但人们的住房已经发生了很大的变化，住进了现代化的大楼。原因在哪里？

人和动物之间为什么会有这样大的差别？原因就在于知识的积累和传承，动物的后一代基本上跟前一代没有什么知识的积累和传承，它们主要靠基因遗传，最多也只是一些原始的行为影响。而人类却因为有了语言，尤其是有了书本，后一代人可以站在前一代人的肩膀上来发展，所以人类才有了今天。这就是为什么我们要重视知识积累。创新人才的培养和创新知识的积累，也就是要重视读书。这是第一点。

第二，提倡理性怀疑。现在中小学的教育很缺这点。在中小学的教育过程中，我们不是去提倡怀疑精神，而是提倡学生要相信标准答案。我们的考试制度唯标准答案是从，这对我们的教育、对我们创新人才的培养可能有巨大的负面作用。我们不是要去提倡怀疑一切，不是要去提倡"夜不能寐、浮想联翩、胡说八道……"，我们要提倡理性怀疑。因为只有有想象力的人，才能对现成的东西提出某些怀疑，而这些怀疑如果是理性的就值得提倡。

第三，强调客观依据。怀疑应当是有依据的，要强调有客观依据的怀疑。没有客观依据的乱怀疑、瞎怀疑就不值得提倡了。

第四，鼓励多元思考。我们从中小学教育开始，鼓励思考就比较少，鼓励多元思考就更不够了。虽然有时也鼓励一些思考，但鼓励的这个思考只能是唯一的，因为正确的答案是唯一的，不能有多元的思考。这不利于培育创造精神和创新人才。所以，我认为考试制度必须改革。补充一句，不是取消，而是改革。我不是主张取消考试制度，而是改革考试制度、完善考试制度。考试的作用不是作为一个筛子，筛选出哪些能作为可用的人才、可教育的学生，并判定筛下去的那些是不可用的人才、不可教育的学生。我觉得考试应当是促进学生全面提高素质的一种手段，是教师检查检验教育效果和教育得失的一种手段。

我非常欣赏山东一个县进行的小学考试改革：只要你通过了就行，可以一试多卷，学生可以自由选择。一个考试项目多套卷子，一卷多题，有多种题目你可以自由选择。一个学期有多次考试，一次考试没有通过，还有第二次，第二次没有通过还有第三次第四次，只要你通过了就行。这就是对考试制度的一种改革和完善，何必要一卷定终身呢？何必要一考定终身呢？

我们鼓励多元思考，我们可以搞更多的标准化试卷。标准化试卷操作起来比较简便，在促进学生思维的多元化尤其是求异思维的发展方面是非常好的。思维非常重要，我们中小学教育现在正在改方向，至少中考正在改。我们有一些已经搞得很好的中学，像今天在座的北京大学附属中学、清华大学附属中学、中国人民大学附属中学等，已经在这些方面迈出了可喜的一步。

大家的思想不应拘泥于应试而是要超越应试，超越应试以后学生会有更广阔的天空。我想这点不仅仅是我个人的看法，爱因斯坦讲过："人们为了考试，无论愿意与否都得把课本上所有的东西塞进自己的脑袋。"认为用强制与责任感就能增进观察和探索的乐趣，是一种严重的错误。现在一些学校特别是一些好的学校已经不再犯这个错误了，但是我们可以看到很多学校还在继续犯这样的错误。爱因斯坦还讲："如果对知识的积累淹没了对探索的渴望，这样的教育能说是有智慧的教育吗？"这给我们提出了一个很值得深入思考的问题。我们应该教什么？德国一位教育家说，应该教的是思考的方法，而非思考的结果。书上的那些结论都是人家思考的结果，我们了解这些思考的结果就可以了。我们要教给学生的，应该是思考的方法。我想这些话击中了我们某些教育现象的要害。

第五，重视实践。我们的教育无论是中小学教育，还是高等教育都应当加强实践，因为实践是检验真理的唯一标准。我们要鼓励我们的学生，无论是小学生、中学生还是大学生或毕业后走向社会，都要有一种置身于实践尤其是群众性实践洪流的心理准备。

没有这种心理准备，想要成才，想要成为创新人才是非常难的。人才归根结底是在实践活动中锻炼出来的。我老家在江西，是一个革命老区。江西有一个县叫兴国县，兴国县出了一百多位将军。安徽有一个县也出了一百多位将军。但是在"文化大革命"刚结束的时候，无论是兴国县还是这个县，找一个读过高中、读过中专的民办教师都很难。大队的会计找不到，要请一个读书人给他们做账。这说明什么问题呢？为什么那个年代能出一百多位将军，而在后来却连一个会计都找不到，连一个文化水平高一点的民办教师都找不到？这说明那一百多位将军是在实践当中涌现出来的，他们是在战争当中学会了打仗，学会了带领军队，没有实践的洪流，创新人才是没有办法涌现出来的。

我提出这五句话供大家讨论。我把这五句话归纳为六个字，就是"读书、思考、实践"。我们抓住了读书、抓住了思考、抓住了实践，创新人才就会脱颖而出，创新精神就会得到充分的培养和发挥。

不同思维模式与创意人才培养的关系

中央美术学院院长　潘公凯

在现代大脑研究当中，有一个成果是对左右脑功能的研究。左脑功能模式主要是用于逻辑思维、推理、时间性前后的顺序性感受；而右脑主要是形象性的一种整体把握。这个研究成果与创新人才的培养是有关联的。

前两年有一本书叫作《像艺术家那样思考》，主要是写给理工科专业背景的人和企业家们看的，被翻译成了多种文字，并在美国的书籍畅销排行榜上名列前茅。该书是在公布我们的左右半脑不同分工研究结果之后出版的。它说道：在人类文明逐步积累和逐步成长、训练过程中，我们人的左脑的思维模式得到了越来越多的训练，得到了长足的发展，我们的逻辑思维越来越好。而我们的右脑模式是感性的、综合的、创造性的，我们右脑的宏观把握的思维模式，有点被忽视了。

澳大利亚曾经做了一个实验：把澳大利亚原住民五六岁的孩子和澳大利亚欧裔五六岁的孩子放在一起做测试，画一个方格子的棋盘，每一个格子里面放上不同的东西，比如铅笔、戒指、瓶塞等，让孩子看三分钟后把东西撤掉，让两部分孩子分别根据记忆把撤掉的东西重新放回格子，看谁摆对的多。结果发现了很大的差别：欧裔的孩子在摆回去的时候是从第一个、第二个、第三个、第四个的顺序摆的，前面有几个摆对，后面都摆错了，因为他们记不住。他们的记忆方式第一个是戒指、第二个是瓶塞、第三个是橡皮、第四个是铅笔……原住民在摆回去的时候是没有次序的，看起来是乱摆的，但是最后的结果是原住民孩子摆出的准确率大大高于欧裔孩子的准确率。

这个实验很有意义，欧裔孩子的逻辑思维训练的结果是，他们必须要用一二三四才能把东西的位置和顺序记住。而原住民的孩子是看整个棋盘的图形，他们记住了整个棋盘和整个画面的特征，他们是根据画面的特征把东西摆了回去。这引出了一个很重要的关于大脑神经思维科学中值得思考的问题：我们经过现代化的教育，是不是已经不会把整个图形记住了，而只会按照次序来记。这是不是说我们人类原有的很好的右脑思维模式在人类文明进步的进程中正在失去？这说明我们的右脑模式对于认识世界、了解世界，尤其是感悟和体验这个世界是非常有用的。所谓创意，在我们美术学院的人看来，往往是那些推理推不出来的东西才叫创意。如果说完全是根据公式推出来的，那恐怕只是一种逻辑思维能力。

柳斌先生跟我说，艺术与科学是有关联的。他说钱学森曾跟他说，之所以他在物理学上有那么多创意和想法，跟他的夫人弹钢琴有些关系。想不出来的时候听一听夫人的钢琴，有时就豁然贯通、豁然开朗。这个不是推理推出来的，是右脑思维的结果。严格地讲，右脑是感觉，是图形。在学习过程当中，我们的左、右脑在大部分场合是分别使用的。

我在思考对称性缺损的问题和前几年霍金提出的关于黑洞的理论的时候，就感觉理论物理的高端思考跟形象思维和感悟是相通的。如果你没有非常好的形象思维能力和感悟能力，光靠推理是推不出来的。当然理论物理的背后是复杂的数学模式，也是需要验证的，但是我想他们在想到这些东西的时候应该也动用了右半脑的思维模式。这里就有我们高中的教育和大学的教育如何开发右脑模式的问题。正是在这个方面，我觉得美术学院，包括音乐学院和戏剧学院，是特别能够做点事的，特别能够发挥点作用的。

我们都说学艺术要靠天才，这个说法有点过于笼统，有点过于回避问题的准确性。其实所谓天才就是他的感觉。在美术学院里，好的学生就是对老师说的话能感悟，可能这个学生第一天画了三张画，老师不满意；第二天又画三张画，老师还是不满意；画到第三天老师说，这张行了，别再往下画了。学生明白了，哦，原来这样就算达到你的要求了，这就叫悟。这个不是推理出来的，这在中国的传统当中叫作感悟，有感觉然后悟了，这种教学模式是美术学院特有的。它是启发学生创意的一个非常重要的手段。

音乐也是这样，不能说音乐这个旋律是因为什么，这个旋律就必须是什么，它没有逻辑的问题，完全是一种感觉。为什么在交响乐中指挥的地位要远远高于所有的演奏者，因为他不仅能够非常好地理解乐谱，理解原来音乐的作者想要表达的东西，而且能把他自己对于乐器的理解加进去，这就是一个再创造的过程。同时他的听力要优于一百个演奏者，他可以一下子听出哪一把小提琴慢了半拍，这是经过严格训练的耳朵。我们美术学院老师的眼睛也是严格训练出来的，其准确性和眼、手、心之间的配合是经过了一种特殊的训练，跟以往的我们大部分教学中所使用的逻辑性的训练不一样。

所以，在整个教育过程中，可否更多地把右脑模式加入我们的教育。同时，我们也希望著名中学的校长们，能够把最好的学生输送到中央美术学院来。所谓最好的学生一般都是逻辑思维比较强的学生，我觉得这样的学生我们中央美院也特别需要。我们中央美院都是考画画进来的，学生的创意特别好，但是也有不足，就是逻辑思维稍差。比如说设计一个房子，他能把这个房子设计得特别华丽，但是仔细一看房子的电梯位置可能装的不对，这就是逻辑问题。我希望重点中学能提供逻辑思维能力特别好的学生，增加我们中央美术学院生源的丰富性。

强基础 打牢创新人才培养的根基

中国人民大学附属中学常务副校长　翟小宁

人们一般认为，中小学教育是基础教育，似乎与培养创新人才无关，大学才是人才的产地。但我们认为，如果把人才成长的过程比作一个人的身体，那么中学阶段就是这个人的腰，腰部无力人是站立不起来的。

王绶琯院士曾经统计，在获得诺贝尔奖的人中，30岁的占29%，40岁以下的占67%，他们大都不是大器晚成，而是在二十几岁时就已经脱颖而出。所以王绶琯院士说要造就一代杰出的科学人才，必须要把发现和着手造就这种人才的任务放到基础教育。由此看来，基础教育要为具有发展潜能的优秀学生打下宽厚坚实的基础，只有这样才能使他们在大学阶段和未来的发展中真正成长为创新人才。

日本的教育专家从教育的角度研究美国在信息时代经济发展迅速的原因，他们发现美国的家长们，喜欢说你努力，但首先要看你往哪个方向努力，你努力的方向是不是你的优势所在。而日本的家长们喜欢跟学生简单说，只要你努力你就会成功。其实这代表了两种不同的教育理念和思维模式，美国人更注重个性，在他们看来没有个性就没有创造性。由此说来，创新人才的培养需要宽厚的土壤、宽松的环境，需要对个性的尊重，需要对创造的欣赏和激励，教育的胸怀有多大，创新人才就有多少。从这个角度来说，我结合在培养创新人才方面的探索与实践，就以下几点与各位交流。

第一，课程改革是中学培养创新人才的基础。传统课程以教材、课堂为中心，以教师为载体，以传承知识为动力，这样的教育对于培养学生独立思考、自主学习的能力是不利的。而这种独立思考、自主学习的能力恰恰是创新人才最基本的素质。中国人民大学附属中学（简称人大附中）的课程改革以学生的发展为本，建立多元、开放的课程体系，给学生自主选择的权利，培养他们认识自己、设计自己的能力，为他们的终身发展奠基。

从 20 世纪 80 年代末开始，我们逐步开设了现代少年课、创造发明课等几十门校本课程，涉及自然科学、社会科学、综合实践活动、体育与艺术 4 个领域共有 150 多门选修课，包括英语、数学、历史等 18 门外教学科英语课，以及法、德、日、俄、韩等 10 种第二外语课。这样多元化的开放的课程体系，可使学生根据自己的兴趣和个性特长加以选择，为他们的成长提供了宽厚的课程环境。

这样的课程给学生带来了什么？面对 150 多门选修课，他们首先要知道自己适合选哪门课，他们要认识自己、学会自主选择，这种能力对他们未来的发展是非常重要的。人大附中一名 2004 届毕业生进入北京大学元培学院，被他的同学称为元培的领袖。因为面对那么多选修的课程有些新生一片茫然，可是他们注意到我们的学生在选课方面很科学、很在行，同学们纷纷向他请教，他说这种能力我在高中就练出来了。

第二，创造发明教育是培养学生创新精神和动手能力的主要途径。20 世纪 90 年代初，人大附中就把创造发明教育引入学生必修课的课堂，经历了十几年的改革创新，课程已日益完善形成体系，有固定的课程、专职的教师、自编教材、配套的教具，形成了以劳技创造发明课、青少年科技俱乐部、少年科学院为载体的多层次的科技创新能力培养体系。人大附中先后有上千名学生在国际、国内各类青少年发明科技竞赛中获奖。

第三，延伸的课程开辟了培养创新人才成长的新路。对于创新人才的培养，即使学校开了 150 多门选修课也还是不够。生活远比这更加丰富，知识远比这更加丰富，世界远比这更加丰富。所以应该把课堂向外延伸，课堂有多大，人才的成长环境就有多宽松、多自由。应该把课堂延伸到大学，延伸到国家重点实验室，延伸到科学研究的前沿，让学生与科学家亲密接触，知道科学研究究竟是怎么回事，了解科学研究的最新动态，培养科学素养和科学精神。

1999年，人大附中成立了青少年科技俱乐部，把科技创新教育的课堂延伸到了科研院所。俱乐部为学生组织科学名家系列讲座，介绍各种前沿学科知识，了解科学研究动态，开阔视野，组织学生利用假日进入国家重点实验室在专家指导下模拟科研，感受科学精神，实践科学方法，培养科学态度，形成科学思维。我们鼓励学生主动与科学家面对面交流，这对创新人才的培养有重要作用。人大附中选派12名学生到中国科学院遗传所参与破译人类基因图谱的研究实验，他们在科学家的指导下写出了有价值的科研论文，获得全国青少年科技创新大赛论文一等奖，世界权威的科学杂志《自然》第一次出现了中国中学生的名字。"在人类基因组工作的那段日子，是我人生最关键的时期之一，我受到了系统的操作训练，更有了对科学研究的兴趣。"参与实验的学生说。

要形成一条龙式的创新人才培养机制，进一步提升中国教育特别是中国著名大学的国际竞争力，让更多优秀的孩子高中毕业后选择国内顶尖大学，就要打通小学、中学、大学的培养路径，使小学、中学和大学的培养与合作，为他们创造更好的更加便捷的条件。杨振宁先生在比较中美教育时曾经说，中国的小学、中学、大学、研究院的教育，一直都在把学生赶到一个越来越窄的道路上去，结果是学生习惯接受，而不是习惯思考，更不习惯怀疑和考证。因此，很不容易培养出有创造力、有独立见解、有开拓能力的人才。杨振宁先生是把小学、中学、大学、研究生院视为一个系统加以分析的，因为虽然大学是人才的终端产地，但中外高端人才在研究能力和创造能力上的差距是从教育的起点开始的，并在受教育的整个过程中逐渐加大，教育初始阶段即小学和中学所形成的缺陷，往往是根基性的缺陷，是制约其最终发展的最致命的因素。所以，基础教育同样承担着创新人才培养的任务。小学、中学、大学应该建立经常的联系和合作，要充分发挥大学的教育科研优势，让更多的中学生到大学和科研机构去进行科学实践，让更多的中学生提前选修大学的课程，让更多的大学与中学生建立联系活动，培养学生的创新精神。

创新人才培养需要教育制度创新

中央财经大学校长　王广谦

为什么中国教育没有培养出诺贝尔奖获得者？分析一下：获奖者所做的成果都是基础性研究，他们做的时候应不是社会当时所需要的，他们做出的成果持续地改变了世界的生活方式；这些成果是经得起检验的，主要是博士论文，经过多年检验后才获奖。我们也分析过，获奖的这批人有一些共性：都对所从事的研究有浓厚的兴趣，并且都固守在这个领域没有跳槽；都有很好的科学素养，受教育的大学和工作的大学以及周围的老师和同事都是一流的；都具有献身科学的精神，他们都有创新性的思维、丰富的想象力和科学的先进的研究方法；都有平静的生活、宽松的环境和闲适的心态；对他人、对社会、对自然都充满了爱心和责任心。

我们离诺贝尔奖有多远？分析一下我们的社会环境、生活条件，分析一下我们现在的人才状况，大家就会得出各自的结论。我们的社会是不是太浮躁了？我们是不是太急功近利了？我想举两个例子，杨振宁在1957年获得诺贝尔奖之后，我们就不再做相关实验了，只有李政道还在继续做这方面的研究，当时他带着学生从华盛顿到哥伦比亚大学做实验，在哥伦比亚大学图书馆查资料时，一本很旧的书告诉他这个实验怎么做。后来，李政道没有获得诺贝尔奖，我们感到很惋惜。再举一个例子，去年的一位诺贝尔奖获得者，按照约定他去年11月应到我们学校讲学，可是那时获奖的信息已经公布了，他已经忙起来了。然而，他依然按约定到我们学校讲课。他说他从来不知道自己在电视上是什么形象，他说做科学、做创新需要宽松的环境和良好的心态。

一个社会、一个民族的创新能力和创新水平，与这个社会、这个民族的科学素养有关，与这个社会、这个民族的价值取向有关，与这个社会的条件和宽松的环境有关。除此之外，还与人们的爱心和责任心有关。有爱心才会热爱生活创造生活，有责任心才会造福于人类。今年夏天我读了《比上哈佛更荣耀》，书中收录的是 2006 年美国高中毕业生获得美国总统奖的部分获奖人的文章。这个奖项是 1964 年设立的，获奖者都是美国高三学生，每年报名者有 3 000 多人。选拔依据两个标准：一是学生的学术能力测试，二是美国大学入学考试的成绩。

我仔细看了一下获奖者的经历总结出几点：第一，他们都受到了良好的家庭教育。有些获奖者家庭条件并不优越并多次搬家，但他们在快乐中成长、在鼓励中成长，家庭和幼儿园、小学教育培养了他们乐观向上的性格。他们写道，要欣赏自己，接受并不完美的自己，从家长和朋友那里了解社会的美好，从大自然那里体会到大自然的可爱。第二，他们每个人都有丰富的社会实践经历，在中学时代都积极参加社会活动和社会服务，他们在活动中获得乐趣和社会知识，在活动中得到了成长。第三，进入大学后刚刚半年时间就懂得了责任心和独立性思考，大部分学生进入的都是好学校，大学的氛围也很适合他们。他们进入大学以后发现大学善于教导学生认识自我，这是大学最珍贵的教育。

他们是怎么被选拔的呢？看题目也可以看出导向，其中一个题目是，描述你的家庭或你所处的社会团体对你个人发展起到的重要作用；还有一个题目是，描述一个你所面临的挑战或者犯过的错误，谈一下你面临挑战或犯错误时的反应；最后一个题目是，请描述一幅富有创意的你看待世界的作品，可以是科学理论、小说，可以是电影、诗歌，可以是音乐或是其他的东西。

当然，我们不是说美国什么都好，现在中国的发展对美国来说是很大的挑战。就教育制度来说，我们需要改进的地方确实很多，我也总结了一下，美国 20 世纪 60 年代的许多学生成了世界各地的精英，看看中国大学的状元们，他们工作之后在社会中所起到的作用，远没有美国那些获奖人在世界范围内引领世界发展的作用大，这是我们的应试教育应该思考的问题。

要解决应试教育的问题太难了。谁都同意改，谁都愿意改，怎么改呢？上海进行了改革，把"一考定终身"改为"多考定终身"，但有没有可能使压力从高一就开始了，会不会把高中生的高考压力提前呢？一进学校家长就告诉孩子，期末考试就是高考，想起这个事情心情太沉重。培养创新人才更重要的是我们教育体系中培养人的人。马克思说过，一个人的发展取决于和他交往的人，更不用说指导他的老师了，同样不能急功近利。

除了我们的教育制度，我们是否还要反思我们的文化？在中国的传统文化当中，我们的科学元素是不是少了？我们尊重每一个人的个性和创造性，这种元素是不是少了？是不是外在约束多了，内在的约束和阳光少了呢？在行为上是不是过于重视形式，忽视了内涵和过程呢？在我们的社会氛围中是不是多了浮躁，平静和宽容少了？创新人才的培养既需要教育制度的创新，也需要文化的改进和环境的改善，这是一个渐进的过程。对于创新和创新人才的培养，大家都不会有争议，关键是怎么朝着正确的方向行动。人人发展了，社会就发展了；人人改变了，社会就改变了。我们要不断努力朝着正确的方向走下去。

寻找更多的途径衔接大学和中学

北京大学附属中学校长　康　健

我对这个会议非常感兴趣。这次会议是希望我们能突破原来高考那样的一座独木桥、那样一种非常狭窄的纽带的衔接，使我们寻找更多的途径，让大学和中学衔接起来。当我们陷入相对稳定的制度，甚至相对稳定的制度持续很多年以后，我们自己不以为然了。但是当我们跳出来，我们来到大学时，看到的听到的令我们反思：教育到底是什么？教育的一个特点被我们忽视了：教育本身具有一种不可重复性，不仅仅在普通人才身上，也在创新人才身上，不可重复性是非常重要的规律。

我们的教育到底是科学还是艺术呢？我觉得其实是有争议的，但是我宁愿相信好的教育其实更像是一门艺术，而不是一门科学。《论语》形容孔老夫子的时候，一会儿他在前，一会儿他在后，你找不着，那是什么呢？那就是大师。你每天都可以得出结论的话那就是匠人。所以齐白石刻图章和小贩刻图章是不一样的。齐白石到外面转三个月回来刻一个图章价值连城，小贩三分钟刻一个仅值几块钱。最近一些书在谈论"大家",其实重要的不是我们到底有没有大家,而是如同鲁迅所说:在没有天才之前我们有没有这样的土壤。

我在北京师范大学有一个学生,他本科毕业的时候跟我有一次谈话。他说准备回家乡工作,我说你在班里号称"考不倒",你怎么不选择考研而选择回家乡呢?他说,我付出了很大的代价换来了"考不倒",说实话,我要背那些别人都不背的知识死角,我的笔记比老师的讲义还详细,但是我失去的是我的智商、灵感、激情,如果再让我读研究生,恐怕让我提出个人的选题都很困难。

一次世界天才儿童大会在香港召开,会上有一次外出活动,世界各国的白皮肤、黑皮肤、黄皮肤孩子都去了。天特别热,下了车后孩子面对的第一个问题是炎热、口渴。那些白人孩子、黑人孩子都在拿着可乐喝。我问中国的孩子,你们怎么坐在车里呢?他们说,老师没有让我们带水,也没有给我们钱。而那些外国的孩子,是把他们的项链、耳环等小装饰物拿给小贩换可乐。

我们在国外参加国际大赛时,第一个让人感到不舒服的是,我们的老师和家长替孩子扛着行李下飞机。他们都是天才、是优秀的人,怎么后面跟着一串像仆人一样的老师和家长呢?做研究时,我们的孩子从头开始,第一步、第二步、第三步,可是那里前面已经有人在做第一步、第二步、第三步了,我们中国的孩子需要从第四步开始,可是他们不会,只会从第一步开始,所以实验得分很低。但是,我们的孩子很会考试,我们的书面考试、理论考试遥遥领先,最后我们还是拿着金牌回来了。我们的教育体制对人才伤害最大,制度的伤害比偶然的一个伤害更持久。

最后一个是要追求同质,这是基础教育特别奉行的哲学,它希望把我们的学生集中起来,把最好的学生分为重点班、次重点班,希望找到一种同质的环境,说这样的教育简单了,这其实是错了!我们教育的对象永远不可能是同质的,所以这个追求永远是不合理的。因为我们的高考,我们的师生关系,甚至包括我们的高等教育,我们的硕士生,我们的博士生,是不是有足够的力量来突破他们的师长?

不是很死板的孩子有了闲暇、有了空闲的时候，才会有创造的灵感。我们不要贴标签，我们这是什么教育，我们那是什么教育，其实教育用老子的话说，叫作大相无形、上善若水。在日常生活当中它是很简单的。那么，什么最能影响学生？在我看来，第一是师生关系，第二是我们学校的文化氛围，第三是我们基本的生活方式，这可能决定学生的一生。所以，我们在北京大学附属中学很希望能够重视我们的课堂之外，包括我们的社团文化、我们的学校文化、我们的社会实践，我们希望我们的学生能够真正成为社会的创新人才。

创新人才培养关系国家未来

北京交通大学党委书记　王建国

关于创新人才的概念界定，有各种各样的表述，都有一定的道理。对于创新人才的标准问题，通过国内外不同时期对创新人才的描述，归纳总结起来可以用以下"六个有"来概括：一是有可贵的科学精神。勇于追求真理，有科学的态度、方法和批判精神，敢于挑战前人已有成果。有为求真知、求新知而敢闯、敢试、敢冒风险的勇气。二是有敏锐的观察力和强烈的好奇心。对环境变化敏感，能够从新的角度观察事物，有突破性的发现。三是有坚韧的意志品质。有非凡的胆识和坚忍不拔的毅力，为了既定目标能够锲而不舍，遇到挫折不退却，牺牲个人利益也在所不惜。四是有超前的创新思维。有求异思维、逆向思维，能想常人之未想。五是有科学的学习方法。能生动、活泼、主动地学习，善于研究型学习，不死读书和读死书。六是有超常的创新成果。能在丰富的创新实践中取得成果，相对于一般专业人员具有超常的绩效。这六个方面是由浅入深、由创新思维到创新行动从而实现创新结果的过程。作为评价创新人才的标准，这六个方面是相容和相互支持的，也只有从这六个方面全面评价才能得到相对科学、合理的结论。

党的十六大提出"造就数以亿计的高素质劳动者、数以千万计的专门人才和一大批拔尖创新人才"的任务。党的十七大进一步提出："营造鼓励创新的环境，努力造就世界一流科学家和科技领军人才，注重培养一线的创新人才，使全社会创新智慧竞相迸发、各方面创新人才大量涌现。"这些战略任务需要我们各级各类教育共同完成。基础教育是实施科教兴国的奠基工程，在培养现代化建设人才和实现中华民族伟大复兴过程中具有基础性、全局性和先导性作用。基础教育的性质决定了中小学阶段在创新人才培养方面的任务主要是转变观念，培养学生的创新意识、创新精神和创新思维，鼓励学生的好奇心、求知欲和探究精神。高等教育则是实施科教兴国战略的主力军，是实现建设人力资源强国和创新型国家重要任务、实现全面建设小康社会宏伟目标的领头羊。而要当好这个主力军和领头羊，高等教育一刻也离不开基础教育源源不断输送的人才。总之，为更好地完成创新人才培养的战略任务，基础教育和高等教育必须加强沟通，有效衔接，这也是这次峰会的意义所在。

从基础教育来看，成绩有目共睹。一是我国"两基"教育成效显著。第三次全国教育工作会议提出全面推行以创新精神和创新能力为主的全面素质教育后，国家启动了新中国成立以来最为广泛和深刻的新一轮基础教育课程改革，全国所有小学和初中已全部进入了新课程阶段。二是中考制度改革取得较大的突破，改变了过去百分制的单一评价办法，采取了等级制、综合素质评价、成长记录评价等。在招生方式上采取差额投档、优秀学生免试保送等。三是中小学教育教学方式正在发生改变，基础教育中重视学生创新精神和实践能力培养的教学模式正在逐步形成，促进学生全面发展的考试评价制度开始建立。但中小学应试教育的思想根深蒂固，在短时期内难以改变。调查表明，在政府评价学校的标准上，40.4%的中学校长认为"考试成绩和升学率"处在所有选项的第一位。

从高等教育来看，在创新人才的选拔、培养和评价方面也做了很多工作。比如现在有68所高校实行自主招生，一些"偏才""怪才"得以进入大学。一些高校创建了特色班，比如北京交通大学的"茅以升班""思源班""詹天佑班"等。举办各种类型的科技大赛、设计大赛，如"挑战杯"等。加大了具有科技特长的本科生保送研究生的力度，加强了研究生招生面试环节等。这些都是对拔尖创新人才培养选拔机制的完善。但要彻底改变培养体制、培养模式，绝非一蹴而就，我们的措施和力度与一些创新型国家相比还存在差距。

2 000多年来，孔孟的儒家思想对中华民族精神素质的培养起到了重要作用。但同时，我们又被教导"木秀于林，风必摧之""枪打出头鸟"等，人们习惯于不显山露水。这种思想潜移默化地影响着一代又一代的中国人，形成了中国人追求与他人一致，不喜欢张扬的独特心理素质，强调个人服从集体，压抑人的个性和创造性，也在很大程度上束缚了学生的创新思想和求新实践。

教育体制和培养模式没有根本性改变。世界上获得诺贝尔奖人次最多的是美国。从1901年到2001年的100年间，美国大学获得207.5个诺贝尔奖，占81%，主要是大学里的教授所获得的。哈佛大学曾有30位教授获得诺贝尔奖，而中国大陆至今尚未实现诺贝尔奖零的突破，一个重要原因是我国在人才培养体制和教育模式方面存在不容忽视的问题。

一是大学和中学存在"填鸭式灌输"的教学模式总体上没有根本改变。我们往往把学生当成装知识的水桶，仅仅满足于教给学生"是什么"，重视专业知识的灌输、传授和特定工作技能的熟练掌握，大多是大班上课，很少有小班上课和创业课程训练。这样一来，学生掌握书本知识的能力较强，和西方国家相比，中国本科及以下的学生都很优秀，但到了硕士和博士阶段，在创新能力和实践能力方面就相对落后了。

二是基础教育片面追求升学率、万人同挤"独木桥"的状况没有得到根本改变。现行考试评价制度的片面性已经成为推进素质教育的瓶颈。最典型的就是被称为"独木桥"的高考制度，是影响中国学生成为创新人才的关键症结。高考可以说是"一考定终身"，指挥棒作用明显。社会转型期的突出矛盾集中反映到人民群众对教育的需求上，加上独生子女时代的到来，一个独生子女往往承担着几代人的希望，加剧了考试竞争和择校的竞争。许多学生、家长在发展预期上追求高学历，不仅都想上大学，而且都想上重点大学。仅2004年，北京等6省市600分以上的高分复读生就有3 000多人。

三是实践、实习基地和相关费用难以满足创新人才培养的需要。中学难有课时安排实践动手课，或即便在计划中安排了也难以落实，更多的是搞题海战术或机械的书本练习。在大学，很难有理想的实践实习基地和足够的经费。长此以往，学生难有机会真正接触了解社会。温家宝总理在同济大学演讲时提道："希望同学们经常仰望星空……学会思考……"然而，今天的一些教育教学模式，已经或正在将青年大学生宝贵的特点抹掉，将"仰望星空"的思考和梦想削弱。

反映在实际工作当中：第一，包括高中在内的基础教育阶段学生课业负担过重；第二，青少年思想品德状况令人忧虑，身心素质发展不容乐观；第三，创新精神和实践能力薄弱。国家统计局、教育部调查表明，超过 1/3 的中学校长和教师、一半以上的中学生认为负担"比较重"或"过重"，64％的中学生不做任何家务，63％的中学生回家没有任何体育活动，中学生对学习"很有兴趣"和"比较有兴趣"的不足 50％。用人单位反映，高校毕业生的劳动精神、动手能力仍然是最为薄弱的环节。

华裔诺贝尔奖得主杨振宁和钱学森等多位科学大师多次对我国教育不重视培养学生的创造性提出批评："提倡死记硬背，实行题海战术，使用标准答案，压制学生的个性发展，把教学过程单纯理解为对现有知识的传授和积累，在教学方法和考试制度上也是重继承轻创新、重灌输轻发现"，"现在中国没有完全发展起来，一个重要原因是没有一所大学能够按照培养科学技术发明创造人才的模式去办学，没有自己独特的创新的东西，老是冒不出杰出人才"，等等。这确实值得我们深入反思。

学生评价体系和社会用人制度不尽科学和完善。一方面，家长和学校评价好学生的标准，不外乎"考试成绩优秀""老实听话""遵守纪律"，而那些思想活跃、性格开朗、遇事肯动脑筋、常有自己的看法、爱提意见的学生是很难被认可的。尤其是那些有特长甚至是为了发展特长而影响耽误了学业的孩子，通常被视为"不听话""不务正业"的另类。另一方面，社会上的劳动用人制度和社会分配结构，忽视了技能型人才的重要作用，导致社会片面追求高学历。"人人都能成才""四个不唯"等大多停留在口号上,唯学历、唯职称、唯资历、唯身份的现象在很多单位还很严重,直接影响了创新人才培养的理念和环境导向。

事实上,许多做出巨大贡献的伟人都不是"全才"。钱伟长先生当年考入清华大学,尽管国文历史都是满分,但数理化加上英语一共才考了25分,物理只考了5分。可是,他从清华大学中文系转入物理系,最终成为我国近代力学的奠基人。华罗庚初中毕业,自学成才,最终成为著名的数学家。如果我们用统一尺度来衡量,他们甚至不算"合格考生"。如何充分发挥每一位在校学生的潜能和才智,是迫切需要解决的问题。

针对上述问题,我认为当前培养创新人才应特别注重三个方面。

第一,营造创新人才培养的良好文化氛围。一是要树立"以学生为本"的教育观,特别要倡导尊重个性,鼓励冒尖,因势利导,因材施教,创造有利于学生个性发展的文化环境,最大限度地发挥学生的创造潜能。哈佛大学前校长艾略特认为,每个学生天生的爱好和特殊的才能都应在教育中得到尊重。要启发、鼓励和引导学生正确地开展自我教育,让学生主动用心去观察,去思考,去分析,去判断。要充分发挥党支部、团支部、班委会、学生社团等的作用,在校院两级建立学生自律组织,引导学生自己管理自己。二是要创造有利于学生创新的宽松环境。要允许学生犯错误。大学生仍处于成长的人生阶段,成长本身就是在摔倒中爬起,在教训中完善的过程。所以,我们要转变观念,解放思想,鼓励学生大胆讲出自己的观点,鼓励学生敢闯、敢试、敢冒尖,鼓励学生对研究领域有好奇心和求异思维。要宽容学生,不怕学生说错话,做错事。

第二,大力改革教育教学模式。一是必须明确规定并创造条件,真正改变"填鸭式灌输"的教学模式。二是积极发挥学生在学习中的主动性,实行研究性教学,因材施教,发展特长,尊重学生的差异和个性,使学生真正参与教学、参与科学研究,实现教学方式由教师为主体向学生为主体转变、教学方法由单向灌输式向多向互动式转变、学习方式由学生被动接受式向探究式转变。三是重视通识课程的作用,比如MIT为学生开设了几十门音乐和艺术课程,在开阔和培养学生形象思维的同时使学生在艺术欣赏中保持科学和艺术的平衡。四是特别重视小型讨论班对培养创新人才的作用。五是通过各种实验和实践加强学生动手能力的培养。

第三，大力改革考试评价制度和用人制度。要坚持把教育体制改革和创新作为推动教育发展的根本动力。一是必须加快考试制度改革步伐。其一，必须改变原有考试评价体系和一份考卷定"终身"的弊端，建立更加开放、灵活和科学的评价体系，促进学生自主学习，勇于创新。按照面上引导、点上突破的原则，进一步扩大高校的自主招生权，进行不同院校分类考试、自主招生、多元录取的改革探索。其二，要完善高中学生学业考试和综合素质评价制度，为高校选拔学生提供依据，加快统考科目、内容的改革，调整高校录取程序和办法。其三，为了促进大学和中学的有机衔接，大学应该而且完全可以为中学做不少工作。比如，大学教授可在中学做兼职教授和课外辅导员，在学生的人生理想、学术思维等方面进行引导和教育；大学的实验室要为优秀中学生开放，以利于培养中学生的实践动手能力、激发学生想象力，等等。二是完善"三好学生"等评价优秀学生的标准，在符合基本要求的前提下，更加注重评价的层次性和多样性，鼓励学生最大限度地发挥特长。三是构建各类人才成长的立交桥，加快建立有利于人才多样化发展的劳动人事制度。一方面要健全制度，在基础教育体系内部搭建普通高中和职业高中的立交桥，在高等教育体系内部搭建普通高等教育和职业高等教育的立交桥，为不同起点的求学者搭建畅通的成才渠道。另一方面要引导企事业单位树立科学的用人观念，把品德、知识、能力和业绩作为衡量人才的主要标准，提高技能型人才的社会地位和工资待遇。最后，希望中学和大学携手，共同为我国创新人才培养做出自己应有的贡献。

给学生发展提供更好的空间

杭州文澜中学校长　任继长

在学生发展过程中，学校应千方百计地为学生提供更好的空间，我提出了四个空间：第一，自主学习的空间。第二，积极思考的空间。第三，开展活动的空间。第四，充分表现的空间。

给学生自主学习的空间。应该让教师改变那种以传授知识为中心的教学观，把着眼点放在对学生能力的培养上。比如说让学生培养自学能力、独立获取知识的能力、与他人合作获得知识的能力，以及自己支配学习时间充分发表学术观点的能力，这点对于高中学生来说格外重要。对于课堂，我认为我们应该给学生空间。不能让老师独霸课堂，而应该提倡一种多维互动，不是简单地学生跟老师互动，应该是老师、家长、学生、社会甚至大学跟中学之间都有互动，相互学习、相互借鉴，这样才能把学生从传统模式的课堂中解放出来。

给学生积极思考的空间。要引导学生发现问题、质疑问题，让学生坚持自己的见解，鼓励学生"异想天开"。

给学生开展活动的空间。应该引导学生动口、动脑、动手，老师不是学校教育唯一的至高无上的统治者，应该让学生自行组织学生社团，自行克服学习中的矛盾和困难，让学生自行开展社会实践、社会调查，参与社会活动，参与青年志愿者服务。

让学生有一个充分的自我表现的空间。我们应该鼓励学生"出人头地"，让学生展示自己的绝活、展示自己的一技之长，同时支持学生的发明、创作，同时启发学生的想象力、创造力，为学生的创造提供舞台，让他自己可以充分表现自己。

我们要激发学生的自主意识、探究精神、好奇心、兴趣爱好，让他们自己既动手又用脑，积极参与、积极合作，挖掘他们自身的潜能，实现学生的主动发展，只有这样做，我们才能实现创新人才的培养。

如何将创新人才的理念落地？多年来我们跟人大附中、北大附中进行了各种合作，推行弹性课堂教学、弹性作业、弹性考试。改革开始执行时，有的老师质疑：没有标准了，都拿80分了。其实，分数并不能代表一切，教师何必那么小气？我们培养的人才是多方面的，我们的考试制度要改革，同时要有各种各样的保障制度，让学校根据需求培养创新人才，从而推动社会的前进。

精英教育迎接大学时代的使命

大连理工大学校长、中国工程院院士　欧进萍

我常常跟我们的学生说，中国这个创新型国家各项事业都有广阔的空间，大家可以尽情发挥自己的作用，各行各业有千军万马，你们要成为千军万马的领跑者，而不是跟随者。这就是大学培养人才的定位，也是价值取向。

大学为什么要实施精英教育，怎样实施精英教育，培养什么样的人才？大学是一种从事知识的传承、发现和应用的社会机构。大学的出现与发展是社会进步的需要和产物，大学的使命既承载着人类永恒的价值追求，又随时代发展和社会进步而不断变化和丰富。欧洲中世纪大学的使命主要是传授高深知识，为社会培养"有教养的人""高贵的人"；工业革命充分开展后，大学的使命不仅是教育人，还要成为知识创造的源泉。19世纪后期，大学又被赋予了新的使命，即直接面向并服务于社会生产建设以及由此带来的一系列社会问题。

历经千年风雨，大学已经从社会的边缘走到社会的中心，成为现代社会中最重要的组织机构之一。相应地，大学也被赋予了越来越多、越来越重要的责任与使命。在现代社会，知识的保存、传播、应用与创新，文明的传承和进步，民族精神、社会良知与主流价值观的保持与捍卫，不同文化的交流与沟通，无不依赖大学作为基础。大学首先是一种教育机构，这种社会分工属性决定了培养人才、传承文明是大学最根本的使命。"致天下之治者，在人才；成天下之才者，在教化；教化之所本者，在学校。""大学之道，在明明德，在亲民，在止于至善。"大学的发展可以有不同的定位和理念，但必须坚守培养人才这一最根本的使命。传授知识、启迪心智、培养能力，增进个体力量和人生幸福，并使人类文明薪火相传，是大学履行使命、服务社会、造福人类的基本途径。

研究型大学是大学在不断推动社会进步的过程中，自身发展形成的一类形态。研究型大学是以知识的传播和创造为中心，以培养精英人才和产出高水平的科研成果为目标。《国家中长期科学和技术发展规划纲要（2006—2020年）》和

教育部文件中都明确提出，加快建设一批高水平大学，特别是一批世界知名的高水平研究型大学，使其成为培养高素质创新人才的中心、知识创新的源头和创新文化的重要发源地，并发挥经济发展"加速器"、社会进步"推动机"和政府决策"思想库"的作用。

实施精英教育，培养精英人才，是时代赋予研究型大学的重要使命。历史和现实已经证明，在社会各个领域中精英人才都起着引领社会发展潮流、推动社会进步的中流砥柱作用。一个国家或地区是否在各个领域拥有足够的精英人才，决定着该国能否在某些前沿领域居于竞争优势地位，进而决定着该国的整体竞争能力。从世界各国的情况来看，精英人才和一流大学的精英教育之间有着必然的联系。例如，牛津大学曾培养出27位诺贝尔奖获得者、90位皇家学会会员和大约130位英国科学院院士，还涌现出一大批政治领袖，包括5位国王和24位英国首相。耶鲁大学培养了13位诺贝尔奖获得者、4位美国总统和530个国会议员，为墨西哥和德国培养了总统，为韩国培养了总理，等等。而耶鲁大学确立的建校使命就是：为国家和世界培养领袖。所以，培养精英人才是大学尤其是高水平研究型大学义不容辞的社会责任。

随着高等教育的大众化发展，我国高等学校呈现出多样化、分层化的金字塔式结构，不同类型、不同层次的高等学校应该具有不同的社会使命、培养目标、办学模式和价值取向。处于我国高等学校塔尖地位的、正在建设中的高水平研究型大学，应率先对现有的教育目标、教育模式等进行系统反思，重新审视和定位大学使命，在此基础上推动和实施精英教育，培养能够担当起民族未来和国家建设重任的精英人才。现代精英教育是国家培养英才的一种教育理念和行为模式，是一种优质教育过程。它通过整合研究型大学高水平的教师、高水平的学科、高水平的科研、高水平的管理等优质的教育教学资源，面向全体学生实施高水平的教育与教学。它培养"对民族、社会和未来负有强烈责任感，具有高尚的道德品质、宽厚的知识基础、突出的能力潜质、优秀的综合素质、开阔的国际视野，能够成为先进思想文化和社会主义核心价值体系的捍卫者和引领者，以及国家政治、经济、科技、文化等领域的开拓者和领导者"。

　　精英教育的培养目标、培养模式、教学模式与管理模式应该有一个系统完善的体系，并应具有如下特征或符合以下要求：第一，精英教育是研究型大学人才培养的基本特征。精英教育是研究型大学的核心教育理念和基本价值追求，也是研究型大学履行培养高素质拔尖创新人才的根本途径。第二，精英教育以培养学生强烈的责任精神、高尚的道德品质、宽厚的通识基础、突出的能力潜质、优秀的综合素质和开阔的国际视野为基本目标。第三，优秀的生源是精英教育的重要前提。精英教育坚持以人的学业成绩和发展潜能为基础的入学标准，采取竞争性或选择性的科学选拔，择优录取适度规模的优秀学生是实施精英教育的前提。第四，以通识教育为基础的宽口径教育是精英教育的基本模式。精英教育要培养学生具备自然、社会和人生的通识基础，对人类文明的理解和判断能力，有强烈的社会责任感和科学理性的批判精神，有积极的价值取向和人生追求，具备良好的群体意识、合作精神、沟通能力。第五，强调教学与科研的结合、实行研究型教学模式。研究型教学模式是基于问题，将教学与科研融为一体的教学模式。这种教学模式将知识的传授和再现与知识的探究和发现有机结合，突出了学生的主体地位，突出了研究的重要作用，突出了知识、能力、素质的统一，使学生从传统的知识接受者变为知识的探究者，有利于培养学生的思维能力、创新意识和合作精神，有利于培养学生成为新领域的开拓者。

　　研究型大学如何推动精英教育，是当前我国高等教育改革和发展进程中需要考虑的一个重要课题。精英教育是一项系统工程，需要我们从宏观层面和微观层面入手，切实采取有效措施，构筑精英教育体系，培养精英人才。

　　在宏观层面，我们要做到以下三点：首先，我们应坚持精英教育理念，明确精英教育的地位。站在时代的高度，准确把握中国高等教育大众化阶段实施精英教育的价值和意义。精英教育和大众化教育是并行发展的两种高等教育形式，一个突出的是质的概念，一个突出的是量的概念。实施精英教育、培养精英人才，是我国适应全球化竞争的需要，是我国经济社会可持续发展的需要，也是我国实施科教兴国战略、构建创新型国家的需要。所以,应在大众化教育的背景下,坚定地确立精英教育理念,把精英教育摆在突出重要的战略地位。其次,应区分高等教育层次,明确高校职能定位。应根据精英教育和大众教育的不同要求,对不同层次高校进行职能定位。各种类型大学各安其位,分层发展。研究型大学应该明晰职责,摆正位置,集中精力推动精英教育。最后,我们应深化高等教育体制改革,加大精英教育资金投入。推动精英教育需要雄厚的资金作为物质保障。根据我国国情,今后相当长时间内,国家投入仍将是我国精英教育资金来源的主渠道。为保证精英人才培养的数量和质量,国家应增加研究型大学的预算内拨款,在前沿学科、科研经费投入、师资队伍培养和教育资源配置等方面实施重点倾斜,尤其是应大幅增加生均经费额度。这样,能使研究型大学有一定的自主支配运行经费的空间和权力,从而能根据自身优势和条件,确立适当的、有特色的精英教育模式。

在微观方面,研究型大学应加大自身改革力度,树立精英教育的理念,按照学校发展目标定位和实施精英教育的要求,重新审视人才培养的整个过程,转变招生模式、培养模式、教学模式和管理模式,构建符合精英教育特点、符合学校发展定位、符合学校实际情况的研究型大学人才培养新体系。具体到每所研究型大学,由于性质类型、发展历史、办学条件等各不相同,所构建的精英人才培养体系也应有所差别。下面简单介绍一下大连理工大学在实施精英教育、培养精英人才方面所做的尝试。

本科生培养是学校基础性、战略性的任务,建校以来我们共召开了14次本科生教育教学研讨会,学校明确提出实施精英教育培养精英人才,构建研究型大学本科生培养新体系,打破学科专业之间、教学和科研之间、教师和学生之间的三个壁垒,理顺通俗教育与专业教育、理论教育与实践教学统一性要求与个性化培养、第一课堂与第二课堂的关系,以加强基础、拓宽专业、因材施教为培养主导思想。第一个方面,大连理工大学实施大类招生,学生入学后可以再给自己一次选择专业的机会。第二个方面是推行以解决问题、师生互动、双向交流为基本特征的研究型教学模式。我们认为中国的教育和国外的教育相比一个很大的差别和不足，就是讨论和探究式的形式太少，而研讨式的教育能够培养学生的创新能力，尤其是促进学生产生自己的思想和观点。我们常说理工科学生比较老实，其中表达能力不足是很重要的方面。关于创新人才的主要能力结构，我把它归结为六个字：知识、能力、思想。通过实践、探究、辩论、讨论能够启迪思想，培养创新人才，在强调知识和能力的同时，要有一种能力或者叫作思想，不仅是做事而且可以去构思做事。我们大家都知道研究型大学不能培养没有思想、没有灵魂的人才。第三个方面，学校大规模实施本科生创新活动，切实推进科研与教学结合。我们去年规定，副教授以上和博士以上的教师，每人要有一个创新实验的项目。我们的本科生可以参加这样的项目，学生在交流中不仅启发业务上的创新，而且能够开启自己的人生规划。大连理工大学以提高研究生质量为主，建立研究生质量保障机制和内在激励机制，进一步统筹学校教育资源，加强研究生教学改革，培养研究生的科学素养，制订跨学科教学团队的博士生招生和教学计划，探索合理的管理模式和研究生创新培养方式。

大学使命的内涵在不断地演变，未来会有更多变化。但实施精英教育，培养精英人才，是当前国家建设和社会经济发展赋予高水平研究型大学的时代使命。研究型大学应当责无旁贷地肩负起并履行好这一光荣的、神圣的使命。唯有如此，我们才能更好地面对未来、走向未来、建设未来。

培养创新人才的关键

清华大学附属中学校长　王殿军

关于创新人才的培养，不是我们不知道创新人才好，而是不知道该怎么去培养，无法按照自己的想象去培养。培养创新人才的关键是什么？我认为，一个是素质的培养，一个是人本身的培养。

怎样培养创新人才的素质，实际上非常简单。当你一开始就选定一部分人，认为他们是未来的创新人才而加以培养的时候，你就是在赌博。我的观点是应该在所有学生当中培养他们的创新素质,让创新人才自然涌现出来,然后我们加以引导,提供空间时间,让他们发展,而不是早早地给学生贴上标签,用80％学生的牺牲换来20％学生的成功,我坚决反对这样做。

创新素质的关键因素是什么?从我们的教学内容、教学方式到学习方式,包括宽松的环境、时间、空间等我们都欠缺。不少学校将课程从早排到晚,学生几乎将全部时间用在课堂上,回家还要做作业,怎能怪学生不花时间到实验室,不花时间追求感兴趣的东西呢?每个学生都需要创新的素质,每个学生的创新素质都需要培养。创新素质应包括创新意识、创新精神、创新能力等。只要能够提供这样的平台,营造这样的氛围、倡导这样的风气,学生的创新意识和创新精神就会被培养出来,但我们现在缺乏的就是这个东西。

由于许多创新探索没有显性结果,所以无法得到正确的评价,不少学生最后选择放弃自己的兴趣,去一心一意听老师的话、听家长的话,按照高考指挥棒做。这不是我们的学生不够聪明,不是他们没有天赋,而是现阶段我们还没有给他们提供适当的环境和条件。在中学阶段应该注重每个学生素质的培养,千万不要在孩子很小的时候就给他们贴上标签,过早下定论,认准这个将来会是创新人才,那个将来会是庸才,有些孩子进步会慢一些,但也许他未来的发展潜力会很大。

对于具有特殊创新潜质的学生,应该把他们从单调、重复、烦琐、乏味的应试教育中解放出来,创造良好的环境和平台,予以特殊培养。我们现在缺少这样的通道。让一个中学生用现在的成果去赢得大学的青睐,现实吗?我们的学生里确实有一部分人,他们可以把文化课学得非常好,同时可以拿各种各样的奖励,但他们又能占多大的比例呢?所以,创新的素质培养没有一定的普及,就难以涌现出很多有潜力的学生。只有在广泛普及的前提下,才能有大批脱颖而出的创新人才。

创新人才应该怎样培养?我的理解,要很全面,还要很优秀,创新能力要很突出。所有在世界上做出突出成就的人,往往在某一方面有突出的才能。我们的培养模式一定要有规模，中国的乒乓球成绩为什么优异？那是在大普及基础上出的冠军。所以，我们应该鼓励所有学生参加课外小组的活动，而不要只是通过办特殊人才班培养少数学生。

清华大学附属中学在体育人才、美术人才、艺术人才、理科人才培养方面都做过很好的实验和探索。我们有一个计划，人大附中、北大附中都参与了这个计划，我们想把孩子从应试教育当中解放出来。培养创新人才很重要，但是现在不是说缺少对其重要性的认识，而是缺乏培养创新人才的环境。如果有了这样的环境，我认为优秀的大学和中学都可以培养出令全社会满意的创新人才。

培养人格健全自主发展的优秀人才

广西柳州高中校长　李昌林

人格是左右一个人行动的因素，决定着一个人对自己和对外部世界的态度，健全人格的要素包括气质、能力、性格、理想、人生观和价值观等，基础教育阶段尤其是高中阶段是人的性格和价值观形成的最佳时期。学校作为人才成长的摇篮必须承担起塑造人格的责任。它决定着人们对生存方式的主动选择，是一个人远离平庸走向卓越的内在因素。一个具有强烈自主意识发展的人，应该是一个能够创造奇迹的人。因此，优秀的学校应当不遗余力地培养学生自主发展的精神，让自主发展成为学生的行为习惯。我们认为，人格教育强调的是做人的教育，自主发展教育强调的是做事的教育，人格教育的目标是提升一个人的人品，自主发展教育的目标是提升一个人的能力。人品好、能力强，是我们教育推崇的目标，也是学生成才的基础。人格健全制度发展要有一定的文化内涵，这是一个涉及教育价值与人才观的具体问题。

回顾学校百年办学业绩，我们有这么几点认识：第一，一个人格健全自主发展的人首先要把自己的理想和祖国的需要、人类的需要联系在一起。现代社会提倡个性张扬，张扬的个性如果不能以国家、社会公益的事业为出发点，将实现自身价值与服务人民、服务人类有机结合，这样的人无论生活在哪个时代，都难以成为有作为的人。第二，人格健全自主发展的人，应该是一个既能够肩负传承文化传统，又能够担当起浇灌新文化之重任的人。第三，人格健全自主发展的人，应该是一个具有高尚情操的人。因此，我们把互相尊重、善于沟通等作为人格健全自主发展的现代特征。我们培养的学生应该是认识自我、了解社会、融入社会的人，他具有强烈的自我意识、公民意识和社会意识，既能批判社会又善于接纳社会，而不是叛逆社会。

人格健全制度发展，是学校新的历史时期的目标，是我们开展各项教育活动的指南。虽然这一办学理念有待完善，但我们坚信它是我们学校下一个百年的精神所在。提出人格健全制度发展教育理念后，我们开展了治校工程，不断提高学生的人格品质；开展了课程改革工程，不断提高学生自主学习的能力；努力打造人格高尚的专业教师队伍，不断提升学校的发展后劲；通过校园环境更新美化，为学生创造更好的学习环境。近些年，学校争取政府的支持，办学规模扩大了，办学质量保持了较高水平，不少学生在国内国际大赛中获奖，师生的精神面貌健康向上，得到社会的好评，为学校的可持续发展赢得了机会。

学校的发展必须与大学建构一条相联系的桥梁，让学生初步了解大学的文化。作为普通高中应当与大学"联姻"，请大学教授来校指导上课，送学校教师进大学学习交流，为学生组织现代科技人文精神报告会，与大学教师共同研发和完善拓展课程，形成合作建设课程的工作机制。

第五章

第一届著名大学中学校长峰会

第一节　峰会综述
第二节　高中与大学和谐对接培养创新人才

2007年11月9日,《中国教育报》、广西教育厅、柳州市政府共同举办的著名大学中学校长峰会在柳州召开,来自国内著名大学、中学的校长和教育界的专家就如何拓展素质教育改革的内涵、如何培养学生创新精神、中学怎样更好地与大学的人才培养计划相衔接等话题进行了主题演讲和专题讨论。

第一节　峰会综述

柳州峰会印象

《中国教育报》高教中心主任　唐景莉

在历史文化名城柳州举办的教育盛会,在社会上引发了热烈的讨论。柳州峰会邀请了国内著名大学、中学校长以及教育专家,共同讨论一个富有挑战性的话题——高中与大学怎样和谐对接培养创新人才。

无论是主旨演讲还是专题讨论,大学、中学校长以及教育专家均从不同的角度对这一话题进行了深入剖析。围绕着人格教育、自主发展、高考改革三个主题板块,校长和专家各抒己见。杭州文澜中学校长任继长对记者说:"至少给我三个小时,我有很多话要讲。很多观点和数据需要充分的时间来展示。"

教育部原副部长、中国高等教育学会会长周远清对这一问题深有感触:"培养创新人才,建设人力资源强国,各层次教育的关系以及相互衔接问题越来越受到关注。柳州峰会讨论的问题,正是大家很希望尽快解决的问题。希望这样的峰会每年举办一次。"

柳州峰会达成了广泛的共识。与会代表认为,中学和大学是两个跨度较大的阶段,这种跨越往往导致了成长的矛盾和不协调,学校教育应努力使这两个阶段更和谐地衔接。

正如广西教育厅副厅长杨伟嘉所说:"柳州峰会探讨了素质教育深层次的问

题，体现了高度的教育使命感和责任感。建立高校与基础教育联合体，是历史的必然和现代教育的发展趋势。只有大中小学形成合力，才有真正的素质教育。"

第二节　高中与大学和谐对接培养创新人才

加强高中与高校的人才培养衔接

中共广西柳州市委常委、统战部部长　苏爱群

来自各地的学者、专家欢聚柳州，同商教育大计，这是柳州的荣幸！柳州，是以工业为主、综合发展的区域性中心城市和交通枢纽城市，是一个山水景观独特的历史文化名城。柳州是中国南方人类的发祥之地，自西汉建制，至今走过了2 100多年的风雨岁月。"城在山水园林中，山水园林在城中"，是对柳州风貌的真实写照。柳州的民族风情独具神韵，壮歌、瑶舞、苗节、侗楼，堪称民族风情的"四绝"。

作为西南地区的工业重镇，柳州的工业经济总量约占广西的1/4，现已形成以汽车、机械、冶金为支柱，多种产业并存发展的工业体系。柳州汽车年产量超过50万辆，位居全国第五，拥有柳钢、上汽通用、五菱、柳工、东风柳汽、两面针、金嗓子、花红等一批全国知名的企业和品牌。柳州也是西南地区的交通枢纽和物流中心，被誉为"桂中商埠"，是周边省区重要的商品集散地。广西的食糖批发市场是中国最大的食糖交易市场。作为中国内陆走向东盟的重要通道城市，柳州今后将努力建成区域性的现代物流中心和商贸中心。

在社会生产力和科学技术迅猛发展的今天，教育的重要性日渐突出。在知识经济和信息时代，发展的竞争日益表现为人才的竞争，而人才的竞争归根结底是教育质量的竞争。教育事业的发展，决定着地方经济的发展速度、发展质量、发展后劲。高中教育的发展，关系到劳动力素质的提高；高层次人才的培养，关系到教育整体水平的提高。顺应时代要求，创新发展高中教育，加强高中与高校的人才培养衔接，是中学教育发展的重要课题。希望这次峰会的召开，能为高校与中学的交流合作搭建平台，谋求高校与高中教育的互动发展，培养更多优秀人

才，服务社会经济建设。

我相信，通过这个平台的交流与碰撞，大家的智慧一定会绽放出耀眼的光芒，成为引领教育发展的宝贵财富。希望各位专家、学者，不吝赐教，为柳州的教育多提宝贵意见、出谋献策，共同推进柳州教育事业的繁荣发展。

建立高校与基础教育联合体是必然趋势

广西教育厅副厅长　杨伟嘉

在全国人民认真学习宣传贯彻党的十七大精神的热潮中，我们有幸与《中国教育报》、柳州市人民政府共同举办本次著名大学中学校长峰会。

广西是一个人口众多、经济基础薄弱的少数民族自治区。将人口包袱转化为人力资源优势，是自治区人民政府长期关注的目标，也是广西教育界为之努力的方向。党的十七大报告进一步强调实施素质教育，培养德智体美全面发展的社会主义建设者和接班人，广西教育工作者正在深入探讨实现这一任务目标的途径。在这样的背景下，此次研讨具有特殊的重要意义。这将有助于进一步推进广西教育事业的改革与发展。借此机会，我就建立教育联合体，推进素质教育深层次发展谈几点认识。

第一，建立高校与基础教育联合体是历史的必然和现代教育的发展趋势。大学与中小学的合作，有着悠久的历史。早在1892年，就有人提出大学与中小学为合作伙伴的概念。20世纪80年代，有人提出大学与中小学的合作是改善公共教育的基本途径。21世纪初，香港、上海等经济、教育发达地区，先后开展了大学与中小学合作的探讨，并取得了成效。上海地区尝试的大学与中小学的合作，也为我们提供了有益的借鉴。中小学尤其是高中阶段，是学生进入大学的入口，是大学的预备教育。大学是学生走向社会、独立生存的出口，是职前的预备教育。如果几个层次的教育能够承前启后、相辅相成，那么不仅可以减少因重复教育而造成的资源浪费，还可以将学生的成才时间大大缩短。因此，中学尤其是高中与大学联合，共同探讨培养人才的大事，是现代教育发展的需要。大中小学形成合力,才有可能形成真正的素质教育。

第二,高校与基础教育联合体的工作重心,应以培养优秀师资队伍为突破口。教育的高质量来自优秀的教师,教师强则教育强。提高教师教育教学的质量,是大学与中小学共同发育的基础。当前,基础教育课程改革最棘手的问题,是中小学教师教育教学水平发展的不平衡。这种状况极大地阻碍了课程改革的进展,影响了创新人才的培养。造成教师队伍教育教学水平缺陷的因素有很多,但师范院校的职前教育与基础教育脱节是一个很重要的原因。开展素质教育,要求教师具备更高的素质,要求他们既要有学科专业知识,还要有开展心理健康教育、进行课程开发、指导创新活动等方面的综合能力。许多有学科优势的大学,由于不了解基础教育对教师的要求,因而不能很好地承担教师尤其是新课程改革师资培训的任务。为适应新时期教育对教师的要求,师范类院校需要与中小学密切配合,调整培养目标、专业设置、课程结构,改革教学方法,对大学生进行有关新课程的专题教育,使这些未来的教师了解新课程,理解新课程,掌握新课程理念与实施办法,不断提高自身素养,为日后的教师工作做好观念、知识、能力的准备。

第三,以合作项目为载体,建立高校与高中段基础教育联合体的长效发展机制。高校与中学应以怎样的方式获得最大的合作效益?如何使大学与中学两层教育机构形成牢固的统一战线?这是高校与基础教育联合体构建的重要问题。总结发达地区大学与中学教育合作的实践,以合作项目为载体,建立高校与高中段基础教育联合体的长效发展机制,是一个可选择的方向。具体内容可以多样,如把高校的一些课程、科研项目下放到中学,通过与中学共同承担课程与项目,实现人才培养模式的对接;根据不同的学校和学生对象,可以有高校帮助中学开发一些解决实际问题的课题,提升不同层次学生的基础水平,从而更好地实现高中生与大学生学习和生活的对接;也可以进一步完善教师互助、培训模式的管理机制,通过理论与实践的结合,实现师资队伍专业化素质养成的对接。

总之,教育行政部门既要开拓多种渠道给大学与中小学之间提供更多的合作机会,也希望大中小学发挥各自的主动性,建立和完善合作研究机制和制度,提高合作质量，实现自身的快速优先发展。

高中与大学衔接是教育的突出矛盾

中国教育报刊社社长　赵书生

在柳州高中百年校庆的喜庆日子里，由广西教育厅、柳州市人民政府、《中国教育报》主办，柳州市教育局、柳州高中承办的著名大学中学校长峰会隆重开幕了。

我们这次峰会的主题是高中与大学怎样和谐对接培养创新人才。这既是一个具有传统意义的话题，又是一个具有鲜明时代特点的话题。事实上，如何处理好高中教育与大学教育的衔接，一直是教育工作中的突出矛盾。随着教育改革的深化，包括高等学校招生考试制度的深化，这个问题更加受到各方的关注。多年来，广大教育工作者、各级领导同志和在教育教学一线工作的广大教师，对这一话题进行了多方面的探索和实践，取得了一系列的成果。本次峰会，我们荣幸地邀请到了教育部门的领导、著名大中学校的校长和专家，大家集聚一堂、交流成果、贡献智慧，必定会进一步推动这个问题的研究，使之对我国教育工作产生实实在在的作用。

大中小学衔接是重要问题

教育部原副部长、中国高等教育学会会长　周远清

大中小学的衔接是一个很重要的问题，但多年来一直没有得到很好的解决。大中小学的教育，本来是一个完整的教育体系，应该有许多共同的理念。但因为年龄段的原因，更重要的是入口与出口的原因，它们各自有不同的培养目标，长期以来慢慢形成了不同的办学思想与不同的培养模式。特别是在经济还欠发达、教育也还欠发达的时候，各个阶段的教育相互间还有些隔阂或脱节。

我们国家过去曾有教育部和高教部，两个部门分工不同，有不同的培养目标，慢慢形成了不同的办学思想、培养模式、管理模式。后来，国家在教育部、高教部的基础上成立了教育委员会，但委员会内部也有分工，分管理高教的部长和管理基础教育的部长，下面还有分管基础教育和高等教育的几个司局。长期以来，两者很少共同去讨论问题，相互间也很少沟通，逐渐各自形成了一套办学的思想理念。

随着经济社会的发展，特别是教育的发展、义务教育的普及，大学的毛入学率达到了很高的水平。国家提出了培养数以亿计的高素质劳动者、数以千万计的专门人才和一大批技术拔尖创新人才的教育目标，这个教育目标是各层级教育共同的目标。最近几年，国家提出要建设人力资源强国，不少省提出建设教育强省，人们越来越关注教育，包括各层次教育、各层次教育的衔接等。而大中小学的衔接问题，也越来越被人们关注。

关于大中小学的衔接，我想谈几个方面的问题。

第一，关于各层次教育的协调发展。科学发展观提出之后，高等教育贯彻科学发展观的一个重要问题，是规模、质量、结构、效益的协调发展。协调发展包含的内容很多，其中包括各层次教育的协调发展，各个时期各个层次教育的规模有多大，应该是怎样的结构，这些应该有国家教育的宏观计划。前几年，在大力发展高等教育进行高校扩招的同时，大学毛入学率的提高拉动了普通高中的发展，相应地也抑制了中等职业的发展，并且也在一定程度上影响了九年义务教育的发展。一度有人将其形容为："基础教育滑坡，中等教育大滑坡，高等教育大发展的局面。"这三句话不一定准确，但点明结构方面出了问题。大家可以回顾下，1998年中等职业教育的招生为510万人，2001年招生为399万人，2005年、2006年每年中等职业教育扩招100万人，数字已说明我们在调整这个结构。当时，还有一段时间大力发展高中教育，解决扩招的瓶颈问题，这引起了不同的争论。一个国家各层级的教育是个大体系，随着经济社会的发展、教育的发展，需要不断协调，使这个体系健康发展，这是第一个问题。

第二，办学的理念值得探讨。各层级教育有许多共同的东西，比如教育方针、对学生的培养等。素质教育是我们国家非常重要的办学理念、办学宗旨。党的十七大非常明确提出素质教育，大学也要实行素质教育，但是现在素质教育的理念和说法在各类教育中没有一个统一的认识，这可能影响我们培养学生的素质。素质教育是什么，是面向全体学生的教育，素质教育的重点是培养学生的创新能力和实践能力。人们常说的，一个人素质很高但是能力不够，或者能力很强素质不够，这里的素质和能力是有区别的。究竟怎么去定义这个素质，高等教育也有些说法。比如，高等教育强调的是知识、能力、素质三要素。过去我们是传授知识，1958年以后我们大力强调培养能力，高等教育发展到现在，人们觉得知识和能力还不够，所以加上了素质变成了三要素。素质这个词在中国是一个约定俗成的说法，虽然没有明确的定义，但大家都能理解。素质是知识和能力经过时间内化为人的稳定性的品格，是一个使人的知识和能力能更好地发挥作用的东西。高等教育以文化素质教育作为突破口发展人文素质教育，并取得了可喜的成绩。我们中国的教育对主要的教育观念应该有个共同的研究成果，而素质教育有可能是我们国家具有中国特色的教育理念。

第三，中学文理分班、大学按科类设置，加剧了人文教育和科学教育的脱离，出现了重理轻文的现象，这是我们教育中很大的问题。中学文理分班已经有很多年了，当时我征询了中学校长的意见，有人不赞成，有人赞成。有人认为中学培养的学生也应该有特长，但世界上没有国家的高等教育是按照文理来分特长的。大学里大部分教授不赞成文理分科。后来，有些专业招理科，有些专业招文科，有些文理兼收，这样带来很多问题。我个人认为，中学的文理分科和大学的科类，使中国的人文教育和科学教育长期脱离。如何将人文教育与科学教育融合起来，是涉及我们国家民族素质、我们培养的学生能不能真正有创新能力的问题。钱学森就非常赞成把人文教育与科学教育结合起来。能否培养一大批拔尖创新人才，这是个很关键的问题。所以，如何使人文教育与科学教育相结合、相融合，也是我们大中小学衔接的一个重要问题。

第四，是高考改革的问题。高考改革一直在前行，一直是社会的热点，也一直是改革的难点。难在什么地方，难在我们大中小学没有共同的思路。高考改革的方向，在社会上是我们整个大中小学最为关心的一件事情，引起过很多讨论。高考改革，有很多方面的问题。比如，高考的制度改革，包括考试制度和录取制度；考试科目的改革，包括究竟考几门；还有考试内容的改革；等等。近几年，我们对此都做过探索，但到目前为止还没有最成功的办法。清华大学申请过单独高考，开始我们也觉得可以，但是一旦到了做方案的时候，我们就觉得没法实行，如果各个学校都单独考试，就那么一段时间，学生该去哪里考？现在高考是分省划线，那全国统一划线行不行？如果全国统一划线必须全国统一改卷子，如果不统一的话，全国改出来的分数标准就不一样。把全国的卷子都运到北京来统一阅卷，我认为当前是不可能的。最重要的是，如果统一划线，都划到了450分，西藏、宁夏、新疆等教育资源较不充足地区的学生又该如何？我们现在是把学校名额分到各个省，并且我们一再不允许减少西藏、宁夏等教育资源较不充足地区的招生指标，就是要保证这个最大的公平。过去高考统一出题，现在分省出题，我个人认为不是最好的办法，但可以分散考试风险。关于组织高考面试，应该说是个很好的办法，但全国这么多高考的人都需要面试，应该怎样组织是需要考虑的。

创新人才培养和教师教育的创新

北京师范大学校长　钟秉林

第一，我想谈一下什么是创新人才。什么是创新人才？我想这具体影响到我们对创新人才的培养。我觉得可以从内部和外部两个视角来看，从内部的视角来看，创新人才是指那些具备较高的创造性素质，包括创造性思维品质、创造性人格特征，以及创造性价值取向和价值理想的人，实际上这是他的一些主观的素质。而从外部的视角来看，创新人才是指那些已经在广泛的社会生产、生活和科学实践中做出新颖独特有价值的创造性贡献，并将继续做出新的创造性贡献的人。

我想用两个视角来看待这个问题，但这两个视角也是相互联系的，如果一个人或一个民族缺乏创造性的思维品质、人格特征和价值取向，那么创新是不可能的。从另一个角度讲，一个人或一个民族具备较强的创造性思维品质、人格特征和价值取向，也不一定能够做出创新性的贡献。因为还有一个很关键的问题，就是是否具备尊重人的创造性劳动的社会文化氛围，和支持创造性社会劳动的物质条件和制度条件。

所以，从我个人的观点来看，我们要同时接受前面所述的两种定义，采取一种综合的视角来理解创新人才的问题。对于创新人才的定义，可以主要从三个方面来理解：要有创造性的思维品质，这是他的智力特征；要有创造性的人格特征，这是他的非智力特征；要有创造性的价值取向和价值理想，这是他的社会特征。

第二，创新人才的培养是一个系统工程。过去人们往往认为大学是培养创新人才的一个重要阵地，我想这个观点无疑是正确的，因为大学是学生受校园教育的最后阶段。当然从终身教育的理念来讲，在学生入职后，还有很多职后教育、终身学习等。现在大学通过各种途径加强对创新人才的培养。

比如，加强学生在社会实践和实习、实训环节的培养，提高他们的实践能力。加强通识教育，打牢学生的知识基础和专业基础，为他们将来在社会竞争中发挥作用、创造成果提供深厚的知识基础。另外，被国外的实验所证明，在本科生培养阶段，让本科生介入科研工作、参与科研工作，是培养本科生创新精神的一个重要途径。同时，在研究生教育阶段，也要启动一些创新计划来加强对研究生创新能力的培养。

大学正在把培养创新人才作为奋斗目标去积极探索、努力实施。但是，从另一个角度来讲，创新人才的培养不仅仅是高等教育的任务，也是整个教育系统的任务。从学前教育、初等教育到高等教育，都应该把创新人才的培养作为教学工作的核心目标。因为创新性思维品质的形成，创新性人格特征的培养，从事创造性劳动所应具备的正确的人生价值取向和价值理想，都应该从小抓起。

人生来就有创造的天赋或者冲动，但从我们的经验观察来看，这种生而有之的创造性天赋或者冲动与我们所重视的价值创造还有很大的距离。我们知道，儿童应该是提问题的好手，也喜欢随意涂鸦。但是儿童所提的问题、随意的涂鸦和科学家的问题、艺术家的创作，有本质的区别。要想把儿童的这种旺盛的求知欲转变为对科学的内在兴趣，把他们自由表现的风格转变为对艺术的追求和对科学的追求，整个教育系统，包括大中小学必须在尊重和保护他们的创造性天赋的同时，不断开阔他们的视野，完善他们的知识结构，提高他们的思维水平，培育他们健康的人格，涵养他们自由发展的个性，帮助他们确立积极的人生价值。

不仅如此，我们在创新人才的培养过程中，还要考虑社会环境包括教育环境是否还有压抑甚至摧残儿童创造性天赋的可能性。因此，我觉得整个教育系统必须及时地审视自己的教育工作，反思那些我们司空见惯甚至习以为常的教育观念、教育制度、教育模式和方法，去除扼杀创造性素质培育和阻碍创造性成长的制度障碍。

创新人才的培养，是一个系统工程。从这个角度出发，大学和中学之间要有和谐的对接。在共同培养创新人才方面我们有很多共性的问题，也有很多有争议的问题，需要提出来讨论。比如：在办学理念、办学定位和学校发展目标方面。我觉得在基础教育阶段也要体现多样化。这里面有宏观比较一致的地方，比如：培养创新人才应该有阶段性、有层次性、有结构性，体现多样化。在具体的对于学生的培养目标、培养规格和培养要求方面，也应该有很好的衔接。

在学生的创新精神和实践能力的培养方面，我们要加强素质教育，同时要注意学生个性的发展和特长的发挥。学生的知识基础如何去夯实，课程体系和教育内容如何不断地调整和改革，如何对中学和大学的教育教学质量进行监控，什么是科学合理的评价指标体系。此外，还涉及教育公平和入学机会均等的问题。比如中学文理分科的问题，我个人认为中学不应该进行文理分科。为什么？大学本科阶段已经在强调厚基础、宽知识面这样一种加强通识教育的培养方式，中学更应该注意加强学生的素质教育。另外，从创新角度来讲，我觉得学生的文理综合发展不仅有利于完善优化他们的知识结构，而且有利于他们养成一种比较完美的思维方式。这种思维方式和思维能力的训练对于一个学生的创新精神培养是非常重要的。我们都知道理科的学生善于抽象思维、逻辑思维，文科的学生善于形象思维。而一个学生，特别是在他要做出创造性的成果时，是需要把抽象思维和形象思维完美结合的。

举一个例子，牛顿受苹果从树上掉下来的启发，提出万有引力定律。我想首先他靠的是形象思维，靠的是灵感和潜意识，然后再辅之以缜密的抽象思维。这样才出现一些突破性的或者我们习惯称之为创造性的重要发明和发现。所以从这个角度讲，更应该加强文理的相互融合、相互渗透。党的十七大报告中在谈到繁荣发展哲学社会科学时，特别提到了要推进学科体系、学术观点和科研方法创新。我想把一个学科的发展提到了科研方法的创新这样的高度，在过去还是不多见的。从这个角度讲，我想更应该加强文理的交融渗透。

教育公平是社会广泛关注的，是社会公平的一个重要内容，实际上教育的公平无非是社会公众或老百姓接受教育的权利，这是一方面。而另一方面，就是老百姓享受优质教育资源的权利。目前，在中国集中体现为优质资源如何去享受，谁去享受，如何取得这样一个机会。这就涉及当前中国教育的主要矛盾。我个人认为，随着中国基础教育的发展，上学难的问题已经发生了转化，现在的主要矛盾转化为老百姓对优质教育资源和优质基础教育资源的迫切需求，而优质教育资源的严重短缺成了主要矛盾。

现在老百姓上学比较容易了，但是都希望上好大学、学好专业，而中国的好大学、好专业数量比较少，满足不了老百姓的需求。因此，学生为了取得这样一个机会，竞争非常激烈，并出现了矛盾迁移和下移的现象。要想上好的大学、学好的专业就要上好的高中，要想上好的高中就要上好的初中和小学，甚至竞争从幼儿园就开始了。"择校风"是怎么来的？我想就是和这个连在一起的，这个主要矛盾非常突出。这从侧面反映了现在的主要矛盾就是老百姓想要接受高质量的教育和优质教育资源严重短缺的矛盾，而这个问题怎么解决？现在提出各种各样的办法，比如招生计划的配置、高考的改革等。

我个人认为治本的办法是扩展优质教育资源。但是，教育有它自身的规律，有它自身的特点。教育的特点之一就是它需要长期的积累。办一所好的大学，办一所好的中学，没有钱是不行的，但是光有钱也堆不出好的大学和好的中学。一个学校的优良传统的形成，需要长时间的积累，不可能一蹴而就。解决这个问题有很多办法，关键就在教师。拓展优质教育资源，不管是高等教育的优质资源还是基础教育的优质资源，关键都在于教师队伍的建设。

第三，创新人才培养的关键在教师。从我们都很熟悉的著名教育家陶行知先生，到20世纪一些著名的教育言论，再到最近党中央高度关注教育的发展、高度关注教师教育的情况，都说明了一点：创新人才培养的关键在教师。我刚才谈到了素质教育的问题，中小学是在讲实施素质教育，但是实施得不太好，应试教育的痕迹很重。但应试教育和素质教育是不是一个概念范畴里的问题，人们有不同的看法。很多人认为，都是高考指挥棒给搞的，那么大学管理者也有一些想法，认为这既然是国家考试，就是政府行为不是大学行为，卷子是大学老师出的，但卷子是按教育部颁布的中学的教学大纲来出的，没有超纲，没有偏题怪题啊，也觉得委屈。

大学与中学之间要相互理解支持，相互学习借鉴，相互衔接融合，共谋教育的发展。但是这个发展关键还是在于教师，而教师的素质是中学、小学实施素质教育的核心内容。从这个角度来讲，我们不能老埋怨中小学素质教育实施得不好，其实大学也有责任。中小学实施素质教育除了一些制度层面、设施方面的应用之外，教师自身的素质能不能满足中小学实施素质教育的要求是关键、是核心。现在中小学教师大部分是由高师院校培养的，大学应该承担这份责任而不能把责任一味地往中小学身上推。所以，大学的教师培养也要深化改革。

第四，创新型教师的培养是当前教育工作的核心任务。创新型教师是一种特殊的创新人才,他不仅要具备创新人才的基本素质,还要承担培养创新人才的任务,所以要求应该更高。如何培养创新型教师?首先是现在各级各类的师范教育院校,比如师范大学、师范学院、教师进修学院、教育学院等,应该把培养和造就创新型教师、提高教师的创造性素质作为工作的核心目标加以确立。其次,教师教育应包含职前教育和职后培训,这是国内外教师教育发展的一个趋势。最后,实施教师的专业化资格证书,也是国际上教师教育发展的一个共同趋势。所以,在这个教育的课程设计上要加大通识课程的比例,帮助未来教师通过在职教育夯实知识基础,促进他们对不同知识领域间联系的把握。对于培养教师的学校来讲,培养教师除了对他自己所学学科知识理解之外,还要了解和把握不同学科、学科内部的各个分支之间的关系,这样才能教好学生,才能成为好的教师或者成为未来的名师。

创新型教师教育的模式也要进行探讨。首先,在强化基础理论教学的同时,要重视案例教学和研究性学习,加大专业学习力度,促进教师在实践中的反思意识、研究意识和实践意识的增强,这对教师成为未来的名师是非常重要的。其次,要加强对教师的职业道德教育,要树立正确的教育价值观。再次,营造尊重、鼓励和支持教师创造性劳动的文化氛围,鼓励大学和中小学教师在教育方面、在人才培养方面,进行这种创造性劳动,进行这种探索。最后,从研究角度来讲,要开展对创新型教师的时政研究、理论研究、案例研究和行动研究,来探索创新型教师的成长规律。

北京师范大学作为一所国家的重点大学,今年已经建校 105 周年。在学校的发展过程中,我们会始终把我们的优势和特色,具体讲就是教师教育、教育科学和文理基础科学的优势和特色巩固加强。我们也在尽最大的努力,包括最近实施的师范生免费教育,执行国家的一些战略和决策,尽我们最大的努力进行积极的探索。我们愿意加强与全国兄弟高校和中小学之间的密切合作和联系,共谋教育发展的辉煌明天。

创新人才培养，教育的责任

北京邮电大学校长　林金桐

我希望通过我们的交流，能够从以下几方面理解为什么创新人才教育是教育的责任：历史证明，民族的崛起要依靠创新；经济、教育和创新能力之间的关系；教育能不能有一个先导的作用；三个文明层次对应的教育特征是什么。最后归纳到一点，创新人才的培养，是大学、中学乃至小学以及幼儿园共同的责任。

第一，历史证明，民族的崛起要依靠创新。根据 2005 年联合国的统计数据，中国的 GDP 占世界的比例大约是 4%。如果我们以这个数字为基准，每年的 GDP 增长以 10% 为参数，而全世界的总平均增长为 2% 的话，我们需要 24 年，才能使中国的 GDP 达到世界平均水平。然而，需要注意的是，世界 GDP 的增长率不仅仅是 2%，去年的数字已经是 4%。假如中国的 GDP 不能保持 10%，以 8% 计算，而世界 GDP 以 4% 计算，那我们需要 48 年能够赶上世界平均水平。

我们在汉朝的时候，已经占据世界 GDP 的 27%，高的时候达到 35%。近代之前，中国一直是世界经济大国，就是因为创新。美国现在占据全世界 GDP 的 20% 左右，美国的崛起也是靠创新。美国崛起的秘密是信息通信技术的创新。从 1837 年的电报，到 1876 年的电话，一直到后来的因特网和移动通信，差不多重要的信息通信发明都产生在那块土地上，这也是今天美国仍对世界经济有重大影响的原因所在。

第二，经济、教育和创新能力之间的关系。数据表明，谁的人均 GDP 高，谁的高考入学率就高，谁的大学生就多。抓教育，很重要。抓经济，可以促进教育，这就是经济发展和教育的相关性。这也是党中央提出科教兴国，建立创新型国家的一个背景。

2005 年，中国的研究开发费用从 1999 年的占 GDP 的 0.8% 上升到 1.34%。但是在 1999 年，日本的这一项开支已经是 GDP 的 3%，美国是 2.8%。2004 年，中国的标准 GDP 大概是日本的 1/2，是美国的 1/5。因此，我们在研究和开发上投入的经费,要比这两个国家少得多。这些数字都说明经济和创新能力的关系。我们希望教育能够先走一步,能够带动国民经济的发展。

第三,教育能不能有一个先导的作用。日本从1872年颁布法律推广义务教育以来,日本的义务教育的就学率从1880年的41%上升到1925年的99.4%,中学就学率从1%上升到32%,大学就学率从0.3%上升到2.5%。日本的GDP从1874年到1890年这16年当中,连续增长。而那时,美国只增长了5%,英国只增长了1.7%。这很像目前中国的状况,我们的经济在以12%、13%的速度增长,而英国美国只是以1%、2%的速度在增长,教育在现代化进程中发挥了重要作用。

但也并不是办教育就能培养创新人才。以埃德加·富尔为首的国际教育发展委员会于1972年提交给联合国教科文组织一份报告叫《学会生存:教育世界的今天和明天》。其中,有这样一句话:教育具有培养创新性精神和压抑创新性精神的双重力量。也就是说,你办教育抓得很紧,并不一定是在培养学生的创新精神,有可能是在压抑它。在传递知识的过程中,你可能在给学生制造框框;在培养思维的过程中,可能驱赶了学生的灵感;在讲究规范的过程中,可能抑制了学生的思想自由;在注重集体的时候,可能会忽略个性的解放。

所以,大学应该怎么办,中学应该怎么办,这是校长、教师应该慎重考虑的问题。到底应该怎么办教育,这是我们应该考虑的深层次问题。应试教育和古代科举相类似。举办者的初衷是一样的,就是选拔人才。

但是应试教育不是一无是处,它培养了两种能力:一种是基础知识能力,一种是考试能力。这两个能力也不是没有用的,问题在于如果用应试的办法来办教育,会出现漏洞,即实践能力弱,创新能力弱。现在为了搞高考就把文理分科了,为了更好地上学,上完学就能就业。这都是经济主导,它不是完整的教育,不是人本意义上的教育,更不是成功的教育。

第四,三个文明层次对应的教育特征是什么。从三个文明层次思考,农业文明层次,是为了生存,目前我们已解决了,中国是贡献最大的国家。工业文明层次，贡献最大的国家是英国。信息文明层次，贡献最大的是美国。工业革命解放了人们的体力劳动，而信息革命解放了人们的脑力劳动，脑力劳动解放不是说你不动脑筋了，而是从事创新的劳动。一般的脑力劳动全由计算机负责。在这三个文明中它们的思维特征各有不同。我们中国现在的主流意识，已经转变成工业的主流意识。而我们信息文明层次的主流意识，应该是国际化和全球化。

举一个例子。美国的罗斯塔尔教授 1968 年在一所小学的一年级到六年级中选了 18 个班进行了"未来发展趋势"测验，列出了一个最有发展前途的学生名单，并告诉校长不能告诉学生及学生家长。8 个月以后，罗斯塔尔再次来到学校，奇迹发生了。老师纷纷说：罗森塔尔教授你本事太大了，这些学生真的表现得很优秀。而罗斯塔尔则表示：我跟你们开了一个玩笑，我是随机挑选的学生，也就是说你把他当作有发展前途的学生来培养，就能培养出一个有发展前途的学生。从这个例子我们可以得出，所谓的天才，所谓的创新能力，所谓的创造力在每个学生身上都同样具备，只是我们的教育要把它挖掘出来。

所以，面对中国未来的教育应该有教育的全球视野，为全球化经济培养人才，要加强国际合作交流。同时，要有教育的开放模式，应该从过程到空间，从形式到内容，从思维的培训到人格的培养都是开放的。教育的责任，我们应该把它定位在培养创新人才上。

推进素质教育 培养创新人才

上海曹杨第二中学校长　王志刚

我们学校有 50 多年的历史，是上海首批实验示范高中。我们的办学理念是：文理相通，人文见长。学校精神是：勤奋进取，求生创新。学校的办学特色是：负担不重，质量较高；素质全面，扬长发展。我们的培养目标是：德才兼备，文理相通；身心和谐，品行高雅。

如何去培养学生的创新精神，我们的做法是坚持以人文教育为特色，全面推进素质教育，把"社会责任感较强、人文素养较高，文明基础较厚，重实践，求创新"作为学生的人格特征,坚持以学生为本,坚持学校的办学理念,在德育、课程、教学、管理、队伍建设等多个方面锐意进取,营造良好氛围,努力为高校和社会培养输送优秀人才。

第一,德育工作力求贴近生活,为学生创新营造空间。我们在"文理相通,人文见长"办学理念的引导下,注重发挥德育的核心作用。在保持、发挥德育传统特色的基础上,不断探索德育活动的新模式,与时俱进,贴近生活,贴近社会,为学生营造广阔的发展空间。我们加强社会实践活动,把德育当作课程加以构建,把社会实践的主题教育活动加以个案的设计,比如"感受黑夜"、"做一次科学的漫游"、"走进农家,健康闲暇"、"今夜星辰"和"走进苏州河"等。

我们对全校所有学生参加的重大社会实践活动都按课程要求进行设计,明确教育目的、内容方法、实施过程及评价系统。我们对学校德育活动进行德育大课程建设的探索,分成校园生活课程、社会实践课程和综合课程。我们积极营造适合学生自主、健康发展的文化场。比如我们的社会实践、各种特色夏令营,在凸显人文见长方面做了一些新的探索,使这些活动有利于营造浓郁的文化氛围,有利于在实践中培养学生的创新精神。

我们开展多种活动,弘扬先进文化、认识外来文化、引导亚文化、批判反文化,使学生有正确的价值观。我们开展仪式教育,关注学生生命意识。比如入学典礼、十八岁成人仪式、高三的毕业典礼等。为拓展学生的自主空间,形成学生自我发展的良好氛围,我们加强学生的社团建设,形成自己的特色系列活动,比如岁末的迎新系列活动,平时举行的广场音乐会、系列体育比赛,开展学生心理健康辅导,等等。通过这些活动营造氛围,让学生贴近实际、贴近生活、贴近社会。

第二,加强课程建设,改进课程教学。从课程来说,根据我们的办学理念,我们以"一个中心",即以学生发展为中心,从开发学生多元潜能出发,把所有的课程分成数理科技、社会人文、文理综合三大领域。课程从学校的理念出发,基础型是国家规定课程,拓展型是自行建设的课程,研究型是学校自己发展的课程。

在基础型课程方面，对教材进行了校本二度开发，比如我们编写了语文阅读的拓展与探索，把现行的课本内容和我们选编的内容融合，鼓励学生自主探索。改造后的语文阅读课主题更深刻，学生更具选择性，这实际上也就是一种对学生创新精神、创新能力的培养。对于拓展型课程，我们按照学校的实际把它分为限定性课程和自选式课程。

我们的研究型课程是让学生走进社会。比如我们学校的南京生存训练活动，我们就为学生做两件事，给他买去南京的往返火车票，给他预定在南京三天的旅馆。到了南京，学生就按课题小组去找旅馆，按计划进行活动。如何行，如何吃，如何安排活动，都由学生自己决定。在此期间，我们对学生的硬性规定是不准乘坐出租车、不准离组分散活动。短短三天时间，学校创设最大的空间，让学生自定费用预算、自定行程路线，在实地考察、亲手实验、调查访谈、资料搜集中进行研究性学习，在触摸历史、感受文化、走近名人的过程中，实施自我教育和道德内化，完成精神的自主升华和道德的自然发展。回来以后，学生进行自我展示、自我评价。学生直面社会，经受了锻炼，提高了能力，通过活动陶冶了情操，提升了人文素养，提高了研究性学习的能力。

第三，提升学生的创新精神，通过改进课堂教学提高教师的能力。我们的做法是持续开展教学攻坚。我们以创新教育为主题开展大讨论，以"学科德育渗透"为主题让教师对学科的功能有较为完整的论述，以"学科教学中的研究性学习渗透"为主题，以案例呈现、分析研究撰稿总结的方式进行总结，进行了以外语建设、外语氛围建设为主题的教学改革。通过这些，我们让学生学会研究和创造。

比如我们的语文主题教学，是以活动为中心的主题教学，可分成三个阶段。第一阶段让学生学习背诵《论语》，梳理内容。学习时间为一学期，学习方式是自习，教师需要做的是意义解说、读本选择、难句破译、内容梳理，学生要阅读指定的书，然后要背《论语》，最后要对学生进行考查，进行书面测验。第二阶段是寒假的游学。教师的任务是指导学生收集资料、选择资料,解读"三孔"及泰山。学生要撰写一篇游记文章,进行一次体验交流,举办一个摄影展。第三阶段在开学后,学生研究如何撰写报告,掌握研究、治学的方法,进行课题论证。我们通过这些做法来培养学生的研究创新精神。

在教师学生的评价方面,我们借助素质化的办公系统,制定师生发展性的综合评价措施,通过网络平台来展示他们的专业发展问题和收获。同时,我们加强教师之间的同伴互助,开办各种学术沙龙,加强教师的人文底蕴,淡化教师的学科界限,深化教师对"文理相通,人文见长"的认识,鼓励教师走出去,开展学术交流活动。

第四,高中教育与大学教育的和谐对接与培养创新人才。高中教育与大学教育应该和谐对接,合作共赢,而其和谐对接的关键在教师。大学和高中的教育应该硬挂钩还是软挂钩?所谓硬挂钩是课程下放或是建立附属学校,或建立升学直通车。从事实来看,硬挂钩并不符合我们的现实,所以我认为应该注意软挂钩。所谓软挂钩,是思想相通、文化相承、智力输出、资源共享,影响辐射。比如,课程建设的指导、师资的培训、教师的互换、学校特色的创建、超常学生的培养、招生制度的改革等。比如,复旦大学用"博雅杯"的形式对学生进行测试。这对我们一些学校产生了一定的影响,该活动作为一种引导,对学校培养学生、培养特长学生都非常有好处。而高中和大学的对接,要做到自由结合,可以相对稳定。

形成基础教育和高等教育的统一战线

广西柳州高中校长　李昌林

这次峰会的鲜明特点在于打破了过去中学和大学各自为政的局面,分别向大学的入口和出口两极延伸,探讨创新人才培养的途径,其目的是形成基础教育和高等教育的统一战线。

柳州高中的办学理念经过了几代人的实践与提炼,具有鲜明的时代特征。20

世纪 30 年代，学校的育人目标是"自主、自立、自卫"。新中国成立后，学校整顿持续强化学风、校风建设，提出了"全面发展、勤奋学习、严格要求、实事求是"的十六字校训。20 世纪 90 年代，学校在改革开放浪潮的推动下，提出了"五个一流的奋斗目标"。

这些办学理念的不断提升与升华，体现了学校与时俱进、继承发展的精神风貌，为学校的可持续发展了积淀了丰厚的精神财富，打下了坚实的人文基础。培养"人格健全、自主发展的现代人"，是我们学校在 21 世纪之初抓住全面推进素质教育、努力培养创新人才的历史机遇所提出的办学理念。这个理念以学生的发展为核心，注重学生健康心理和现代意识的构建，是我们在新时期描绘的教育蓝图。它与学校的优秀传统一脉相承，凝聚着我们对前辈办学理念的尊重与理解，也体现了我们对新的教育思想的拓展与追求。

人格是左右人行动的因素，决定着一个人对自己和外部世界的态度。一个人的人格怎么样，其认知模式、情感特征、态度倾向、行为方式和习惯就怎么样。健全人格的要素包括气质、能力、性格、理想、信念、人生观等。这些要素完整统一，一个人才可以在社会很好地立足。具有人格魅力的人不仅是一个独立生存的人，更是一个可以影响一方的人。基础教育阶段是人的性格与价值观形成的最佳时期，学校作为人才成长的摇篮，必须承担起塑造健全人格的重任。

审视一所学校是否是一个优秀的育人单位，要看它的育人理念是否注意培养学生健全的人格。这种发展是一个人能否作为人的心理基因，它决定着人对生存方式的主动选择或构建，是一个人远离平庸走向卓越的内在因素。一个具有强烈自主发展意识的人一定是一个能够创造奇迹的人。无数优秀人才成功的案例充分证明了这一点。因此，优秀的学校应该不遗余力地培养学生自主发展的精神，让自主发展成为学生立身处世的行为习惯，化为他们改变生活、创造生活的精神元素。未来社会充满竞争，新的生活、创造新的世界需要健全的人格作底气，也需要自主发展的意识作动力。以健全人格为基础，以自主发展为阶梯，成功就是必然的事情。

培养"人格健全、自主发展的现代人"的办学理念提出后，我们以"八大工程"为支柱，全力推进学校办学水平的提高，取得了一定的成效。用以德治校工程营造积极向上的人文氛围，提高德育工作的针对性和实效性。我们建立"主体式、渐进式、人性化"的德育工作机制，根据高中三个年级三年学生不同的心理特征，设置了"一个中心、三个块面、六个系列"的德育课程体系，完善学校与社会环境良性互动的保障机制，使德育教育围绕学校的办学内涵有序有效地开展。

我们不断完善学生道德内化的自主模式，例如成立社团管理委员会，培养学生自我展示、自我发展、自我教育、自我服务、自我管理的意识和能力。又如建立健全班级自主管理机制，实现班主任从"保姆型"到指导管理型的职能转变。释放学生自主发展的空间，创设学生处理人际交往的真实情境，培养学生解决问题的能力。我们还鼓励开展丰富多彩的校园文化活动，例如班级文化、宿舍文化的构建活动，"读书励志社""古文文学社"等社团的活动。

在活动中，我们培养学生的竞争意识与和谐发展的意识，探讨以热爱读书、勤奋钻研、积极研讨、热心公益为核心的德育评价体系，实施定性与定量相结合、自评与他评相结合、过程与阶段结果相结合的多元评价模式，借助德育评价的杠杆，打造学生自信、诚实、求真、务实的精神品质。

我们通过课程改革工程，提高学校办学质量，引领学生走向乐学、自主学习的道路。我们改革课堂教学中陈旧的"满堂灌"的教学模式，倡导"保讲，保练，自主学习，合作探究"，合理利用网络资源等多种学习方式和谐统一的教学设计，改造死气沉沉、只有冷冰冰的知识传授、放羊式的低效率课堂。我们在确保课堂成为构建学生良好心态、培养学生优秀思维品质的主阵地的前提下，加大校本课程开发的力度，完善选修课课程的管理机制，拓宽学生求知空间，形成以学科竞赛为载体，文理并举，课内外、校内外相结合的校本特色。

我们通过现代教师队伍培养工程，打造德能兼备、作风过硬、具有文化底蕴和精湛的教育技能的师资队伍。我们倡导读书风气，开展教师读书班、创建优秀学习型团队等活动，引领教师走专业化发展的道路，使他们成为视野开阔、心胸宽广、既能教书又善育人的名师。我们抓师德建设，把爱生敬业作为师德之魂，把激励鞭策鼓舞作为爱生的评价标准，让教师学为人师、行为世范，以优秀的人格影响学生，成为学生求知和道德的楷模。我们强化全员育人机制，不仅抓班主任的队伍建设，抓学科教师的队伍建设，同时还抓教育教学管理人员的队伍建设。

我们对全校所有员工提出五项素质要求：做学而不厌、诲人不倦的教育者，做严于律己、宽以待人的示范者，做学生身心健康的指导者，做学生能力发展的引路者，做学校优质管理的实践者。目前，我们学校有特级教师12人，高级教师88人，全国模范教师、全国优秀教师4人，市区级优秀教师45人，市科级拔尖人才6人，出国进修过的教师16人，获研究生学历的49人。这是一支德高业精的教师队伍，也预示着我们柳州高中的发展未来。

我们用科研兴校工程，提高办学质量，我们把科研看成是学校后续发展的核心竞争力，倡导教师从工作中发现问题、研究问题，用科学的态度解决教学中的矛盾与困惑。我们借助科研的前瞻特点，推进教师参与新课程改革，激发教师自主发展的责任感和使命感。我们建立健全教育科研奖励机制，鼓励广大教师在教育科研中脱颖而出。

我们用组织管理革新工程，深化和发展学校的人文思想。我校的人文思想具有丰富的内涵，规范高效、精益求精、质量第一是其核心，公平公正、合作奉献、自省自律是其操作的原则，严而不死、宽而不乱、张弛有度、文明公开是其评价的尺度，为了使其管理落到实处，我们以人为本、建章立制、厘清关系、明确职责、以制度管人、以道理服人、以情感动人、以待遇留人。

我们建设特色工程，深化"文理并举、全面育人、质量一流"的办学特色，我们依托学科建设优势，把学校建成全国科技创新人才培养基地、市区青少年科技教育基地、柳州市国际学科奥林匹克竞赛培训基地，并开展科普课程的建设，探讨科技创新人才的管理模式，组建由多名优秀特级教师、优秀学科骨干老师参与的科技创新师资队伍，培养出一大批具有创新意识和能力的学生。

我们依托安康环保工程，促进学生身心健康。我们把注意安全、强身健体、心理健康作为人格健全的重要指标，把重视环境保护、养成良好的卫生习惯这些小事上升到热爱生活、关爱生命的高度来认识。通过设立心理咨询室、卫生保健室、卫生环保社团等有效的管理措施，杜绝影响学生身心健康的事件发生。我们坚持终身体育、娱乐体育的理念，把推广体育活动和培养体育尖子生相结合，编制教材，率先推行体育选修课、滚动式专项教学与学分制管理。

我们用校园更新美化工程，为学生创设最好的学习、生活环境，以优美的环境育人。有人认为名牌不能代表一个人的品位和气度，一所名校不因为它的校舍新建而有名。对此，我们认为一所不重视物质文化建设的学校是一所有缺陷的学校，校园文化的建设应该是精神文化与物质文化两手抓、两手都要过硬。物质文化对一个人的成长的影响和对精神文化的影响是相当重要的。基于这样的认识，我们一直重视校园更新的改造工程，以最大的能力完善学生的学习环境。20世纪90年代，我们将旧校园更新建起了现代化的校园。21世纪初，我们又把整个学校东迁，新校园不仅成为许多学生向往的读书胜地，更为打造一流的精英学子创造了环境。我们坚信校园的物质文化生活将对学生的成长、人格的培养、自主发展能力产生积极的影响。

柳州高中对社会有一个承诺："让学生受到最好的教育"。在老校园，我们把它立在高高的行政楼上，校园东迁后，我们又把它刻在师生每周升旗都能看到的地方，蓝天白云下金色的大字耀眼夺目。它是柳高人的骄傲、柳高人的自信，更是柳高人的不懈追求。培养人格健全、自主发展的现代人，是我校建设名校的基础工程，是百年名校承前启后的标志，也是我们对基础教育和高等教育和谐对接的思考。

培养出具有高尚人格的教师

广西师范大学党委书记　王　枬

学生的人格培养，对学生、对整个社会来说都是非常重要的。什么是人格？

如何开展人格教育？培养出具有高尚人格的教师，师范院校应该怎么做？这是我要谈的内容。

关于什么是人格，可能不同的学科会有不同的解释。它实际上是一个心理学和伦理学的综合概括。简单来说，人们通常会把它理解为一个人和他人有所区别的一个最重要的特质，或者说是本质特征。应该说它是以遗传为基础的，又是以环境为条件的，同时还是通过后天教育而形成的。

人格是指个人的心理面貌或心理格局及个人的一些意识倾向与各种稳定而独特的心理特征的总和。大体上它包括人的气质、性格、能力、兴趣、爱好、需要、理想、信念等。丰子恺先生把人格比作一只鼎，支撑这个鼎的三足就是知情意，也就是真善美。所以知情意的发展、真善美的具备，三者的和谐统一就是圆满、健全的人格。在现代社会，现代人的健全的人格又具有了一些现代的特征。

个人理解，它可以包括十个方面。第一，具有主体意识，人格是个人区别于他人的一种独特的特质，所以要有主体意识。第二，具有法治意识，它具有对法律的一种自觉的遵循。第三，具有伦理意识，有道德约束力，富有爱心。第四，具有生态意识，它要造福后人，不只是自身的遵循。第五，具有审美意识，对一种高尚的、丰富的、健康的生活的追求。第六，具有科学精神，实事求是。第七，具有团队精神。第八，具有创新精神。第九，具有一种对自我不断超越的进取精神。第十，具有对生命的尊重、保持健康的生活方式和平衡的心态。我想这样的一种人格也许才能够适应现代社会的生活。

人格教育该如何进行？人这个字看起来非常简单，就是一撇一捺，而这两个笔画也许就意味着人是如何形成的。撇，也许表明了先天遗传，父母给我们的生理遗传特征，这是不可改变的，是先天带来的。而捺的这一笔，可能更多地表明了我们在后天通过接受教育而形成的一种自身发展的知识、情感、意志或者是真善美的这样一些品性。所以从捺的这一笔来说，恰恰就是我们教育的可为之处，是中学教育、大学教育或整个社会在教育培养上都应该做的事情。以我之见，人格教育和养成可以从以下几个方面做起。

一是良好日常习惯的养成。良好的日常习惯是形成道德的基础。古人要求"站如松,坐如钟,行如风,卧如弓",不仅是对日常行为举止的要求,也是一种良好的行为习惯的养成,于君子养成意义重大。

二是健康生活方式的养成。它是积极人生观的开端,也意味着我们在社会生活当中能否体现出一种个人的积极的人生态度。所以应当提倡一种朴素的、节俭的、恬淡的、卫生的、健康的生活方式,和日常健康的生活习惯。

三是良好心理倾向的养成。一般来说,人的心理倾向会被简单地分为外向和内向两种。外向的心理倾向比较容易接受新生事物,但是它往往容易波动、容易变化。而内向的心理倾向往往比较稳定,但有时又会存在着容易僵化的缺点。良好的心理倾向应该是外向和内向的综合。

四是良好的人际关系的养成。人际关系可以分为和谐的习性和对抗的习性。我们在对学生的培养当中,会更加倡导或提倡一种和谐习性的养成。

作为人格培养的目标,应尽量克服或者消除对抗的习性,这也与党的十七大强调的构建和谐社会的总目标一致。一句话,人格教育其实就是要让我们的学生或者是我们的社会成员学会做人。这个我想是人格教育的一个基本目标。而人格教育,在某种意义上说,虽然它取决于家庭培养,取决于父母的教育,但是更重要的是来自教师的影响。只有性格才能造就性格,只有人格才能造就人格,没有具有高尚人格的教师,很难想象可以培养出高尚的、健康的下一代。

师范大学如何培养具有高尚人格的教师?师范大学承担着培养教师的任务。我们培养出来的教师自身的人格状态如何,在很大程度上直接影响着他们将要培养的学生的人格的状态。所以师范大学在这一点上有着非常重要的责任。从师范大学的角度来说,有三个方面是我们自身需要努力去做的。

一是应该加强师范精神的培养。这个师范精神,各个师范大学对它有不同解读,但总体上人们都认同,比如"学高为师,身正为范",或者是"学高为师,德高为范",或者是"学为人师,行为世范"。师者,人之楷模也,道德模范也。没有对这样一种师范精神的塑造,也就无法培养出具有高尚人格的教师。

二是应该特别加强综合素质的培养。比起其他的一些普通的或者是单科类的院校,师范大学在学生综合素养培养上可能要求更加综合。原因在于,老师不仅就某一个学科教育学生,其实更重要的是他在用自己的整个人格、言行举止在影响学生。所以师范大学的综合性应该更加突出。特别是一二年级,会更加强调通识教育、强调人文精神。

三是要加强爱心精神与情怀的熏染。因为将来要当老师,所以要把爱心传递给学生,这也是师范大学的重要任务。也许只有通过这样的努力,才有可能造就出具有高尚人格的教师。

学校不能忽视人格养成教育

杭州文澜中学校长　任继长

作为一个校长,总希望自己的学校卓越,总希望自己的学校能够有所发展。讲人格,我觉得,在中国有它一贯的传统。比如《大学》中就提道:"大学之道,在明明德,在亲民,在止于至善。"这实际上是在讲人格问题。蔡元培先生说"教育是帮助被教育的人,给他能发展自己的能力,完成他的人格"。文学巨匠鲁迅讲"教育就是立人"。

如果从欧洲哲学史的角度来看,同样有苏格拉底、赫拉克利特等人讲人格决定命运的问题。因此,人格在人的发展过程中,对于人的价值观的形成,对于人的健康成长,有着极其重要的作用。从中学校长的操作层面,我想讲一下人格缺陷表现在哪里,为什么会有这些缺陷,我们应该怎么去做。

反思一下在学校教育包括家庭教育中,我们的缺憾是什么。在改革开放的大背景下,我们的学校教育,包括大学教育,受了西方的无导向教育的影响,过分强调了价值的多元化,忽视了对主流价值观的选择和追求。这也就造成了学生人格上的一些缺憾性问题。过分主张了人性的自由,主张每个人的想法都是合理的,都应该受到同等的尊重。在课上,不管学生讲得好坏,不管学生说了什么,都说"你的想法是很正确的""你的思路很正确""你的思维是很好的",我觉得这样是不对的。它抹杀了人们对于憎恶好善、追求正义、人格完善的意志努力。所以这是我们教育的一个缺憾。

我们在学校教育中忽视了人格的养成教育。比如说，在日常行为习惯的养成上，日常的举止言谈缺乏应有的规范，甚至把这些都认为所谓自由化个性张扬的表现。在生活方式上，越来越不注重朴素、节俭、惜物、恬淡，不重视对环境的爱惜及卫生习惯的养成。相反对那些奢侈的东西——浪费、讲排场、摆阔气、过度消费的这样一种生活观念，却有意无意地在倡导、在效仿，包括我们的电视台，包括社会环境都是如此。

另外，缺乏适当的挫折教育，过度关爱、过度保护，无论是家还是学校都是如此。比如说秋游春游，比如说一些爬山游泳，由于安全问题，领导一再强调不准坐车、要买保险、学生不能出事，最后的结果就是大家都不要春游了，忽略了学生意志的培养。我们提倡什么？愉快教育、成功教育，每个人都是成功者，每个人都是专家，不提倡学习是艰苦的劳动，通过艰苦的劳动获得的知识才能取得心情的愉悦。我觉得这是教育的一种偏颇。同时，对传统的"无我、忘我、奉献"的精神境界强调得也越来越少了。要说这个，有的同学就会加一句"什么年代了"。

实际上，我觉得这是我们教育的缺憾。还有就是缺少从人格和心理的角度深化德育工作，我们把力气花在正面的、显性的、运动式的、形式主义的教育上，失去了人格教育、德育教育在日常生活中潜移默化的影响。如何通过诱导式的教育，采取一种启发式的方法，将人格教育的内容和人的日常生活相结合，恰恰是中学教育应该深刻思考的问题。

在社会大背景下，"位尊势重"的一种言行在起着暗示作用，追逐名利、金钱至上的风气影响着学生的人格养成，对我们的人格教育产生着影响。个别学生存在人格缺陷，比如自我价值的模糊，集中体现在以自我为中心方面。个别学生见老师都不打招呼，认为老师是为他服务的，这种以自我为中心的学生在重点中学常常见到。还有就是自我意识不健全，也就是说妄自尊大、没有自觉抵御不良行为的能力。

家长无法管束、老师束手无策,这样的学生越来越多,我觉得这是自我意识不健全的典型表现。同时学生的情绪化现象很严重,表现为情绪不稳定、容易走极端、冲动、发脾气等。所以,加强人格教育,培养学生做一个正直的、有抱负的、有教养的人,是相当重要的。所以我在这里,呼吁人格教育。

人格教育怎么去开展?作为重点中学应该起示范作用。比如创设高品位的人文环境,这是实施人格教育的一种有利的条件。提高学生的道德素养和文化素质,首先要提高教师的道德素养和人文素质,要提高学校的文化品位。学校教育的质量、学校的人文环境会极大地影响学生。看看学校的人文环境,走进来应觉得这是个读书的地方。如果走到一个垃圾遍地的地方,你的心情就会被破坏。

教育环境会对学生的人格养成有很大的作用,这个作用是不可小觑的。怎么才能让我们的学子把自己的学校视为心灵的故乡而热爱、追忆?这是我们教育的任务。在人格教育中,就是要培养这样一种情感,这样一种爱校、爱家、爱国的精神。

作为老师,一要博学,二要精专,三要创新,四要达意。你说的话学生都不明白,你怎么教育学生?我们在教师人格教育方面提出:一要有德,二要有格,三要有为,四要有恒。同时,我们在学生人格教育方面也抓了几点:第一是培养学生以做人为核心的社会责任感,这是人格教育的重要内容。第二是培养学生的社会交往品质。第三是培养学生的协同合作精神。第四是培养学生的开放探索能力,也就是我们讲的创新和实践能力。第五是培养学生的自我调控能力,不要被情绪左右。

我们认为,学校给学生的不仅仅是知识技能,更是一种信念,一种做人的准则,一种支持学生足以走完今后人生道路的基础的东西。从这个意义上讲,知识的传递,对智力及生活与生存能力的培养,是教育的使命。教育所负担的更为重要的使命,是铸造学生健全的人格,培育学生不懈追求正义、为国家为民族的复兴做出贡献的精神。

人格教育具体怎么去做？要从公民道德建设纲要的 20 个字做起，"爱国守法、明理诚信、团结友善、勤俭自强、敬业奉献"，这实际上是人格教育的重要的内容。我们的具体做法是：第一，在确立办学宗旨上，以学生发展为本，培养学生德智体和谐发展。教育是作为一种培养人的、有目的的活动，必须把学生的发展作为宗旨，为学生的发展创造广阔空间，让学生做一个真正的人、正常的人、正直的人、对社会有贡献的人，实现自身的生命价值。第二，在办学方针上，除了党和政府的教育方针之外，我们强调"学教和谐、因人施教、发展个性、提高素质"，以使学生的人格更为健全。第三，在学校的基本职能定位上，是为社会培养具有基础知识、基本能力、职业技能的各类人才。第四，在育人目标上，我们强调全面发展、和谐发展、个性特长充分发展。第五，在立德树人的教育方法上，强调治校德为先，以德立校、以德处事、以德树人。我们重视学校的文化传承，在学生中强调一种自强不息、厚德载物、做君子不做小人、最好做圣人的教育。我们重学生的品位、重学生的践行，强调明礼诚信、文明修身、内塑气质、外塑形象，强调学生做谦谦君子、大家闺秀。

我们强调，今日我以学校为荣，明日学校以我为荣。我们希望把学生培养得更好、把老师锻炼得更好。只有这样，我们才能更好地实施德育教育，实施人格教育，为基础教育做出贡献，也为我们中学和大学的和谐衔接打下坚实的基础。

大学中学德育如何衔接是个大问题

中国人民大学教授　吴潜涛

关于人格，学术界有几百个概念。我认为，人格不是人区别于他人的规定，而是人之为人的一种根本的品格。但是这个品格怎么界定呢？我想它应当是作为一个人的处事胸怀、精神气质、道德品质、心理素质和法理素质的基本的概括。就是说，人格这个概念主要有五个方面的内涵，一是心理素质，二是道德素质，三是思想素质，四是政治素质，五是法律素质。我想这几个基本的方面，构成了一个健全的人格。

我并不完全否认知识、文化在人格中的作用，但是一般来讲，我们讲到人格时，往往讲的是人的思想道德品格。我觉得人格的培养在学校主要是通过德育的途径来完成的。

培养健全的人格，主要是通过德育的途径来培养。大学的德育和中学的德育如何承接的问题，是我们教育界最关注的问题，并且是矛盾很多的问题。在大学里如何解决"为什么"的问题，在中学里解决"是什么"的问题。这个问题大家还在探索，就是如何从积极的方面、从底线的方面来培育青少年思想道德品质，培育青少年健全的思想人格。

我们知道"耻"这个字是从耳、从心，本来的意思是人的心理受到了冲击之后面红耳赤。它是一种心理体验，就是说，耻辱的"耻"是一种心理体验。我们一般指的是一种羞愧或者羞惭。那么"辱"，耻辱的"辱"，它也是一种心理体验，但是我们说"耻"和"辱"一般来讲产生这种心理体验的外部条件不一样。"耻"往往是自己对自己的行为作评价的时候产生的一种体验。"辱"往往是外来的评价，社会或者他人对你的行为进行评价的时候产生的一种体验。但是现在我们把耻辱两个字放在一起，实际上就是讲，一个人的行为，在进行自我评价和社会评价的时候产生的一种羞惭、自我责备或者叫良心的不安，这样的一种体验，就叫耻辱。

在进行思想道德教育时，我国古代传统是进行养民知耻的教育。养民，就是养民知耻的教育。在这个问题上，中国古代传统文化把知耻的教育放在非常重要的位置，它强调一个人知耻是为人之本。最早《诗经》中讲，作为老树都有一张皮，人如果不知耻的话就失去了尊严。怎么去做人呢？一个人，必须有知耻之心，我们知道孟子说"无羞恶之心，非人也"。一个人，如果在知耻一事上不如人，那你就事事不如人。

在这个问题上，如果想成长，如果想完善，没有知耻之心是不行的。作为一种品德和人格的培养，无外乎两个条件：主观条件和客观条件。客观条件就是教育，主观条件就是内在的自我修养。宋朝的周敦颐，他在讲知耻时提到"人必有耻则可教",人有知耻之心才可以教育,如果没有知耻之心就不可教。后来朱熹讲"人须知耻,方能过而改"。人有了知耻之心才能够改过,才能进行很好的自我内在修炼。从这两句话我们可以看出,知耻就是进行人格健全塑造的一个主客观条件,是一个必备的条件。所以说知耻是一个人成才、成人的重要之举。

有人说"耻"是一种道德底线,我不同意这个看法。荷兰哲学家斯宾诺莎认为,耻辱就其表示一个人因具有羞耻之情而会产生过高尚生活的愿望而言,也可说是善的。斯宾诺莎认为知耻就是善。古希腊哲学家德谟克利特说:"对可耻行为的追悔就是对生命的拯救。"为什么中国古代关于知耻的思想与国外的思想家会产生共鸣?我有一个看法,就是中国古代关于养民知耻的思想自身有合理内核。它的内核就是把握了人格的培养和培育的基本规律。

中国近代思想家龚自珍有一句非常有名的话:"以教之耻为先"。教育要以知耻为先。康有为也谈道:"耻者,治教之大端。"我认为这两句话就是对中国养民知耻教育合理内核的集中体现。当然,我们现在讲教育是德智体美劳全面发展的教育,育人为本,以德为先,但是"以教之耻为先"指的就是中华传统道德教育的一个优秀成分,因此我们现在进行人格教育进行道德教育,要承接中华优秀传统文化,建设美好的精神家园,只有承接了民族的东西,只有有了民族性,它才能够生生不息、薪火相传。

中学肩负向大学输送合格毕业生的重任

南宁二中　唐永平

如何做好高校和中学的和谐衔接,是中学需要研究的问题。如何为高校输送合格的优秀毕业生,除了文化知识外,就是要培养学生健全的人格、自主发展的能力。在人格培养方面,教师必须有高尚的人格,只有教师有这样的水平,有这样的教育理念,才能够对学生进行正确的引导和教育。

我们的理念和提法是"以人的发展为本,师生员工与学校共同发展",学校要成为教师持续发展、成就事业的理想之地。在教师培养中我们实施了三个工程：名师工程、青蓝工程、两全工程。

名师工程主要是打造以学科带头人为主体的教师领头羊，做好名师的培养。一个学校要有一批名师支撑，这个教师队伍的建设才比较健全。我们学校有计划地在做学科带头人的培养，现在学校里大多数的教研组长都是特级教师，我们要求他们对整个教研组整个学科负责。我们经常安排某一周全校集中听某个学科的课，听完后进行总结评课，优点是什么，缺点是什么，只有这个学科领军人物对自己所负责学科有一个整体的把握，才能把这个学科带上去。

青蓝工程主要是对青年教师的培养，我们坚持所有新来的青年教师要签一个拜师协议，每年都举行拜师和出师的仪式，只有满了三年并把三年的成果展示出来，经过学校考核评定，才会有出师证。在出师以后，本人有个出师证，师傅也有一份奖金，以促进师徒的结对。

两全工程主要是培养老师的人格魅力，对教师进行敬业爱岗、热爱学生、为学生树立良好榜样的教育，使教师在与学生的交往过程中处处表现出高尚的人格，影响和教育学生。

对于学生，要使学校成为他们奠定人生基础、能够持续发展的理想场所。在校园里的人格培养方面，我们注重学生团队精神，每个同学都要融入集体，在集体里发挥自己的长处。我们每个年级都设有学科竞赛培训班，这些同学来自不同的班级，以培养大家互相切磋、共同讨论问题的合作精神。学校里的各种社团、活动小组，比如语文文学社、校园电视台、机器人小组，主要是通过活动培养学生的合作精神，培养学生对学习的热爱，以及追求上进的精神。

我们树立了"四个学生优秀群体"作为全校学生的榜样。具体包括刻苦学习，勇于拼搏，在各级各类比赛和高考中为校争光的学习尖子群体；积极上进，信念坚定，团结和帮助同学共同进步的学生入党积极分子集体；无私奉献热情为同学服务，善于组织策划的学生干部群体；有丰富表现力和创造力的文艺骨干群体和科技活动群体。这四个群体的提出，使学生在人格养成方面有了明确的榜样。

近几年，每年都有部分学生在高中入党，榜样的作用对同学们坚持共产主义信仰和拥护中国共产党的领导起到了积极作用。学校一些活动，特别是共青团的活动，由学生自己策划，通过这些活动，他们自己能够得到锻炼，这些能力对于学生将来走进高校，在高校中继续发展是很有用的。总之，中学肩负着向高等学校输送合格毕业生的重任，这个重任对我们提出了更高的要求，我们要不断努力为高校培养出更多的合格新生。

重视培养学生自主发展能力

广西大学校长　唐纪良

学生的自主发展能力是综合素质的一部分。从学生来说，要形成良好的自主发展能力首先还需要在学校里不断学习，不断受教育，不断提高自己的能力。想要有一个好的发展能力，还要加上自主发展能力，最基本的条件还是要学好基础知识，只有这样才能具备综合的素质。

在大学，我们给新同学入学教育的第一节课是讲中学与大学的差别，讲中学与大学学习方法的差别，希望同学们到了大学养成各方面的独立能力，特别是独立学习的能力，如果没有学好基础知识，要想有好的自主发展能力是很困难的。虽然我们的学生不可能个个都成为精英，不可能个个都有伟大的成就，我们也提倡在平凡岗位上做贡献，但是我们的社会还是需要很多各方面的精英，比如大科学家。

要有好的自主发展能力，首先得了解社会，正如你想当科学家，你得了解自然。现在最深奥的学科在哪里，我的看法是宇宙科学。宇宙有多大，我们了解了多少？现在谁都说不清楚，虽然我们出了个伟大的爱因斯坦，现在也有黑洞理论，也有宇宙爆炸理论，但这些理论，对于了解整个宇宙还仅仅是个开端。生命科学也很深奥。以前人们说七十古来稀，现在活到九十岁也很容易，这得益于生命学、医学的发展。当然生命科学还有很多我们不知道的东西，等着科学家去研究。

如果想要当科学家，首先你得了解自然，掌握基础知识，不然你会迷茫，不知道学什么好。其次是自主发展能力，是需要同学们去学习，需要老师去引导、教育的。而这个自主发展能力还与很多条件有关，一个人如果没有好的性格、好的人格，想有大的发展是很难的。每一个人在社会上还只是一个个体，你的自主发展离不开社会，离不开集体。另外，个人还有国家民族的属性，自己的发展能力的培养涉及很多条件。

中学与大学的对接，主要是应试教育的问题。在找不到更好的考试制度之前，高考还得坚持下去。考不上大学，就更谈不上选什么专业了。应试教育在很长一段时间，将很难得到彻底改观。但是在大学里，你得自己管理自己，自己自主学习，自己思考问题，自己提出问题，自己探索问题，自己寻找答案，而应试教育培养出来的孩子在这方面的能力明显不强。

现在，社会上有一个经常说的大学里的"第十名现象"：很多人毕业以后，有成就的不一定是前面学习成绩拔尖的同学，往往是第十名左右的同学。那些同学，综合素质和各方面训练发展得比较到位，简单来说他们不是书呆子。学习非常好的学生，有到最后很成才的，能做大事业的；也有到最后做不成什么大事的。像广西大学，最近几年一直在努力为同学的综合素质、自主发展能力培养创造条件。比如在教学方法上，尽可能采用启发式教学、讨论式教学，特别是在扩招以后，很多班级人数很多，上课都是老师讲、同学听，听完了就下课，没有给学生自己思考问题的时间和机会。我们有些学院试行圆桌式教学，三十几个人每天都有机会一起讨论问题，这些同学的素质几年后有显著提高。

在教学方法上，我们这些年采取了一系列措施，比如教育部提倡的大学生创新计划，广西大学前几年做了尝试，为学生搞了很多的项目。还有导师制，一个班里面不仅有班主任，还有导师引导学生怎么自主学习、自主发展。还有暑假社会实践，到农村、社区了解社会，通过这些来培养学生的综合素质。

在中学和大学，怎么使学生的自主发展能力和综合素质得到更好提升，我个人觉得，除了尽可能地解决应试教育问题，尽快全面实施素质教育外，大学里边还有很多方面需要改革,但中学改革的难度可能比大学更大,因为高考的指挥棒始终存在。

大学要认真研究中学现在的教育

中国人民大学校长助理　倪　宁

人格健全就是教会学生怎么做人,自主发展就是教会学生怎么做事。一方面做人,一方面做事。

从总的方面来说,中学要考虑学生怎么自主发展。从大学来说,这个问题也是必须要考虑的。首先是从中学生到大学生这个角色转换问题。能否尽快完成这个角色转换,是能不能和谐衔接最重要的问题。我在学校里做过一些调查,很多学生都是到三年级才醒悟,原来大学是这样上的,但是已经有一多半时间都过去了。所以,从一入学,尽快完成角色转换是个很重要的事情。

怎么完成角色转换,我有三点想法:一是变被动学习为主动学习,二是处理好强迫学习和兴趣学习的关系,三是摄取知识的学习和研究性知识的学习。我们的老师,应帮助学生做好入学前的教育。

大学要认真研究中学现在的教育。人格健全是一个德育方面的问题,大学过去或者说现在比较关注的是怎么争得生源,把好的学生拉到学校来,但是这些生源到学校是个什么状况,要认真分析。要对接培养创新人才,我们现在都在讲创新,我想我们必须认真对待继承、积累和创新的关系,有积累才会产生创新。如果不注重继承、积累,就不能够形成自主发展的能力,就不能创新,中国人民大学在努力衔接和中学的教育,力争让输送到人民大学的孩子茁壮成长。

自主发展能力培养的若干问题

江西师范大学校长　眭依凡

大学和中学的和谐对接与培养创新人才是中国教育的两大问题。中国的教育必须考虑如何培养拔尖人才、创新人才。强国必须强少年。强少年的唯一手段是强教育，教育的重要性于此凸显。

第一个问题，为什么要强调自主发展的能力？事实上自主发展和创新是联系在一起的。第二个问题，现在培养出了具有自主发展创新能力的人才了吗？第三个问题，什么是自主发展的能力？第四个问题，我们如何培养创新人才？

我们为什么要强调自主发展的能力。系统论有一个基本的观点，整体的完善取决于个体的完善。一个民族的强大取决于这个民族成员的强大。我们国家在创新型国家的建设过程中，能否培养出具有创新能力的人才至关重要。如果这个民族的成员没有创新能力的话，那么这个民族一定是没有创新能力的，这个民族是不会有希望的民族。

有三个事实可以说明我们现在的创新能力不够。第一，我们国家的竞争力不强。去年中国社会科学院的 100 个城市竞争力调查，中国大陆居第 36 名，比居 11 名的中国香港和居 13 名的中国台湾都要落后。一个最重要原因，是我们缺少科技创新能力。在现代世界激烈的竞争中，败下来的无一例外都是科学落后的国度。第二，因为我们缺少创新能力，我们的科技生产力水平很低。我们对于国外专利的依赖达到了 50%，而且国外的核心技术我们是买不到的。第三，我们的科学研究成果水平也不高，高质量的论文很少。关于诺贝尔奖，我们虽然有六个美籍华人获了奖，但无一本土科学家。

要发展成具有创新力的国家，首先我们要培养有创新力的人才。我们现在培养出了具有自主发展创新能力的人才了吗？我可以告诉大家一个数字，中国现在有 3 200 万的科学技术人员、102 万的研发人员，这两个数字分别占了世界的第一和第二，我们研发的综合指数（综合水平）仅仅占世界的第 28 名。我们有第一、第二的基础力量，但是我们研发能力的综合水平仅占中下水平。我们工程教育有 533 万在校生，但我们培养出的工程师在世界市场上的水平排名是很靠后的。

我们现在大学生的就业情况，大概就只有 80% 的毕业生可以一次性就业。我们 100 个毕业生中若有一个毕业生能自主创业，就能带动 20 个左右大学毕生就业，通过创造岗位解决毕业生的就业问题。我们现在真的还没有培养出很多自主发展、创业创新的人才，这是我们面临的问题。

什么是自主发展的能力？所谓自主发展，就是离开了外界的影响，尤其是教育的影响，利用自身的素质吸收知识丰富自己，应用知识解决问题，发现创造知识并贡献给人类的一种自主创造能力。那么自主创造能力有哪些要素？自主创造能力是一种教育的产物，是培养的结果。如果这样来看，自主创造能力，或者说人的成功，取决于两个要素：一个是智力系统，一个是非智力系统。

当前我们的教育偏重于智力系统的发展，而忽视了非智力系统的发展。像一个人的自主发展创新能力，它是智力和非智力两个系统的结合，而我们在重视智力系统发展的过程中，偏重于知识的记忆能力的发展，很多自主创新能力的要素被我们忽略了。比如理想志向，很多学生的理想是什么？考一个好大学，这是真正的理想吗？比如学生学习的热情和动力究竟是什么？有没有强大的学习的热情、对于专业学科的爱好？我们的批判质疑的精神被忽略了。

中国学校成功的标志是把有问题的学生教得没有问题。老师讲完课后，问：同学们明白了吗？同学们说：明白了！但在欧美国家不这样，他们希望学生能提出问题、质疑权威。这仅仅是个表面现象，更多的是我们的文化传统所致。质疑精神和批判精神也是一种张扬精神，我们不能容忍有张扬精神的学生，尤其很多学校不喜欢那种不听话的"狂生"。但如果一所大学没有一个包容个性张扬学生的文化，大学也造就不了一大批科学巨匠、人文大师。钱锺书进校的时候，他的数学成绩只有 15 分，他进校的时候就发出"狂言"：在一年之内扫平清华图书馆。这么一个学生，清华大学包容了他，成就了他。

还有想象力的问题。现在我们的中学，包括大学，不再热爱诗歌了。我一直讲社会进步的两个车轮，一个是理性，一个是激情。理性要求我们做研究、我们学哲学，激情要求我们学艺术、热爱诗歌、热爱文学。这是我们创造力的两个非常重要的车轮，但是现在我们注重理性，忽视激情。自主创造力有很多要素，我们需要去发掘这些要素，看我们的教学是不是重视了这些要素。

如何培养创新人才？这里我想做一个简短的比较。有一个欧美国家的教育代表团到北京来考察我们的中学教育，选了北京市一所最好的中学、中学中最好的班级。这些专家进校了。学校里非常安静，安静得这些专家都可以听到自己的脚步声。走进教室，学生们当然会有一点点的起伏，很新奇。然后任课老师走进来，开始讲课。课讲得非常有条理，板书非常整洁，引导非常有逻辑，然后老师不断引导学生提出问题，让同学回答。一堂课下来，无懈可击。然后，陪同代表团的中方官员非常高兴，想看看客人如何评价任课老师。而外国专家的评价是：不可理解，因为整个的教学像教师在表演，能看到教师，看不到学生。好像学生都掌握了知识，如果那样还要上这堂课干什么？这就是教育的不同。

在海外，学校是让学生不断地发挥自己的想象，自主地发言，在交流中学到知识、学会思考、学会观察问题和解决问题。再来看考试。我们考试喜欢考一些知识记忆的东西，但是考试是一个指挥棒，这确实误导了很多师生。在美国，小学都做研究。每个小学生都要在一个学期至少有一次到讲台上做老师、做研究，从列提纲到搜集资料，而这些我们很多大学生都做不到。

我们只学知识，不培养科学研究能力，怎么能够培养出有自主发展能力、创新能力的人才呢？类似这样的问题还有很多。新加坡教育部在给每个新任的校长以及每个在职的校长要发一个委任书，这个委任书上有这么几句话：你手下有许许多多正在成长的生命，他们如此不同、如此重要，对未来充满着憧憬和梦想，都依赖于你对他们的引导、培养和塑造，你要使他们成为一个好人和有用的公民。我想，用这样一种教育的责任感和使命感对待我们所有的学生，我们的国家才会有希望。

一切为了学生的成才

复旦大学高等教育研究所所长助理　张晓鹏

什么是真正的教育？苏联一位著名的教育家曾经说过："真正的教育是自我

教育。"可以这样说，只有能够激发学生进行自我教育的教育才是真正的教育。自我教育最重要的一个方面，是培养学生的自主发展能力，就是我们今天所讨论的题目。

为什么要培养学生的自我发展能力，我想补充两点。第一，国家要建设成为一个创新型的国家，要大力加强提升我们国家的自主创新能力。国家要成为创新型国家，那我们每一个个体都应该是有自主发展能力的个人。第二，从教育来讲，我们办学是为了什么？是为了学生。要把学生放在第一位。我们办学是为了学生，一切是为了学生，为了学生成才。但学校不是工厂，学生不是工厂的加工品，学生都是有主体性的人，每一个个体都是有他自身价值的生命体，作为教师，作为教育工作者，这一点我们要牢记。

我以前对中小学并不了解，最近几年我担任特约教育辅导员，主要是和中小学打交道，所以了解了一些中小学的教育状况。当然，大学教育有很多受人批评的地方，我比较了解，中学也有很多不太令人满意的地方。我觉得教师的工作是一项很神圣很伟大的工作，所以我们教育工作者要记住一点，学生是教育的主体之一。而学生的发展，最终是靠他自己，老师、学校、社会、国家只起一个引导作用，这是我的想法，复旦大学相当多的老师、领导可能也有这种想法。

在国外，像美国的一些研究型大学，提出了要建设成为以学生为中心的大学。最近几年我们也在强调，以学生为本。复旦大学近几年把中学和本科教育联系得更紧，进行自主招生。复旦大学、上海交通大学这两所学校对上海的生源，主要是通过学校的笔试和面试，然后决定录取人数，很多学生都要参加高考，但高考成绩不作为唯一一个影响因素。我们为什么要搞改革，也和自主发展能力和自主发展有关系。

复旦每年开学新生进校，有一个很壮观的场面，就是校门口交通是堵塞的，停满了各种各样的小车大车，家长千里迢迢来送学生，要陪着学生把所有的手续都办好，甚至我们的研究生新生都是这样的，这一点就和自主发展离得很远。我现在带研究生，有一个研究生甚至已经做了十几年的教师了，他有很多事情还要我帮忙，所以我觉得这是比较大的问题。

刚刚讲到人格，人格最重要的就是和独立联系起来，就是大家讲的独立人格，如果一个人他没有一个独立的思想、独立的精神，这个人很难有真正的人格。我觉得我们这个社会、这个时代，给人们提供了非常多的机会，我们的学生怎么选择，我们社会上的人怎么选择，是很不容易的。复旦大学是给学生很多很多机会的一所大学，包括我们的选课，我们不仅欢迎状元、高分的考生，我们更欢迎有自主发展的、有潜质的学生，所以我们要搞自主招生，我们要搞通识教育。

通识教育最重要的一点，是要教会学生学会选择，有好多学生不会选择。首先，就是选课。复旦自主招生进来的学生是不分专业的，不是通过自主招生进来的考生，填志愿时是有专业志愿的，但第一年上课是没有专业的。复旦自主招生的学生进校以后还要再选专业，填志愿的时候填了专业的，但是一年级的时候还有选专业的机会。我参加过招生咨询，我跟考生讲，到了复旦以后转专业是很自由的，但实际上很多学生进来以后不愿转专业，理论上是想转就能转，但好多专业有门槛。出乎大家意料，好多考生从热门专业转到冷门专业，还有很多考生的志愿是老师、家长帮他填的，所以我们在自主招生时，笔试面试尤其是面试，特别注重考查学生自主发展的能力，包括他个人填写的材料、教师的推荐书、面试成绩等。

以下我想对基础教育培养学生的自主发展能力提几点建议。

第一，我们的基础教育从课堂教学来讲，师生的互动、师生的平等，包括课堂上的讨论，都需要大大加强。如果基础教育的学生都不敢发言，怎么培养独立思考的能力，思维和语言是紧紧地联系在一起的，表达出来才能够促进思考，让学生自己发言，尽管有的话可能比较幼稚，可能我们觉得是错的，但是要让他说，这一点是非常重要的。

第二，学校的课外实践要以学生为主体，课堂里面老师起的作用大一点，课外实践要更多地发挥学生的主体作用,强化学生的主体意识。我看过哈佛大学的一份材料,他们跟踪研究了哈佛大学的学生几十年,最后得出结论,学生在哈佛大学几年,80%的能力受益于课外。

第三,学校管理、班级管理要发挥作用。上海的很多学校,小学、初中、高中,让每一个同学都当班干部,或者都有轮流当班干部的机会,我觉得这很好。但上次我去一个学校,发现这个二十几个人的班级有两个学生就不是班干部,我觉得这就有问题了,对这两个学生的心理会造成影响的。复旦大学现在搞通识教育,小班课只有十几个学生,课堂上可以进行充分的讨论,如果学生在课堂讨论时发言的情况不理想,这个人的进步就比较小。

第四,要培养学生的自主发展能力就要了解每一个学生,要相信学生。我曾经看到一个孩子,是小学二年级的小孩,他自己写给自己的评语,简直比社会上的坏人还要差,还要坏。我觉得这些话不是孩子自己能够说出来的,可能是老师或者大人跟他讲的,让学生觉得自己这么坏。一次,有个学生家长和学校闹了矛盾,因为学生觉得老师不公,就和老师吵了一架,老师就把家长叫来了,我觉得这种做法也是有问题的。不仅是学生的自主发展能力有问题,教师自主发展能力也有问题。学生有自己的想法,可以批评他,但首先要了解他,要相信孩子。

第五,最重要的教育就是要鼓励、激励学生,我们总是在说"差生",我对"差生"这个概念是打引号的,一个"好生"并不就是一个真正的"好生",要看怎么样来衡量。

第六,就是教师的自主发展能力,我们要培养学生的自主发展能力,首先要培养教师的自主发展能力。

既要重招生 又要强培养

中国传媒大学招生办主任 胡正荣

中国传媒大学覆盖艺术类、普通文科、普通理工科,是为传媒、为文化创意行业培养人才的学校。由于专业的多样性、复杂性,学校在招生、考试的环节上变得非常复杂。而学生进到学校以后,我们经常发现录取的学生会出现一些问题,如有些是有知识无文化的,有些是有教育无教养的。但对今天的传媒人来说,或者是做文化创意产业的人来说,这两点的缺失是致命伤。你可以有知识,但绝对不能没文化。因为在今天做文化创意产业、做传媒,首先要具备的是高度的社会责任感,而不是我们通常所说的会唱歌跳舞就可以了。如果没有高度的社会责任感,你是不可能站在非典病房里面、不可能冒着枪林弹雨冲在伊拉克前线、不可能站在马上就要决堤的洪水的面前去做现场报道的。

我们要求一个基本的素质,必须要有很开放的国际视野。我们学校现在有29个小语种的门类,基本覆盖了世界主要的国家,学生必须眼界开阔。当然,做新闻传播工作者、做传媒或文化创意产业工作者,还要有非常良好的心理素质。

我们经常说一句话,就是很多学校重招生,轻培养。我们学校曾经也有过这样的历史,但是我们现在意识到招生把关的环节非常重要,学生进来以后,为他塑造一个什么样的环境可能更重要。首先,我们在招生改革上的一个基本的原则,就是普遍性和个性相结合,追求多样性和多样化。如果拿北京大学和复旦大学、清华大学或者师范大学这样的标准来要求我们学校的话,我们可能很难招到非常有个性和非常有创造性的学生。我们这个行业,更多的要求的是创造的潜质、创新的潜质、求异的潜质,而不是求同的潜质。所以,我们追求的是普遍性和个性的结合。这个普遍性指的是我们都知道的高等教育或者普通教育的规律,这个我们必须去遵守。所以如果学生基础素质非常扎实,专业潜质非常优秀,而且个性特色非常鲜明的话,我们是非常欢迎的。张艺谋没有个性怎么可能成为一个知名的大导演。所以我们非常强调普遍性和个性的结合。我们愿意去寻找基础素质非常扎实,专业潜质非常好,同时又个性特征非常鲜明的一些学生。我们学校一共有19个艺术类专业,只占到学校专业的1/3,所以中国传媒大学不是一个艺术类学校。我们有29个非通用语的专业,我们有30个普通文科、工科和理科专业,我们希望学生结构是多样化的,也是以这样的标准和原则来选择和把关的。

招生考试改革的措施之一，是考试内容多样化。我们的本科除了国家要求的学生必须参加的高考外，我们对非通用语、艺术类的同学都是采取高考和校考相结合的考核方式。校考测试三个方面的能力：一个是知识的测试，学校要做笔试、文化测试；另一个是能力的展示，所有的同学要到考场，考试的专家可能让你唱歌，也可能让你弹琴，也可能请你去评价一部电影；我们还要做一个测试，让学生的素质得以呈现，比如，我们录取播音系的学生时，让7个学生同时进来，在现场做辩论，看谁有团队协作的精神，看谁有与人为善或与人去争辩的能力。所以学生的语言能力只是一个方面，最重要的是看他的基本素质。总之，我们的考试内容是多样化的。

招生考试改革措施之二，是追求考试手段、考试方式多样化。除了高考，我们还有自主招生。我们自己组织的艺术专业的考试，既有面试也有笔试，而且我们笔试有专业笔试、文化笔试。我们的面试里面，不仅有文化知识面试，还有心理面试，还有就是基本的素质和审美情趣的测试。所以我们尽可能让它多样化。我们没有完美的答案，我们只是做尝试。

招生考试改革措施之三，是在录取方面尽可能地多样化。我们在招收学生时，除了按高考分录取外，普通专业、其他专业特别是艺术类专业，3/4同学主要是按专业课录取，按你的专业优秀与否来录取，但是我们一定要有1/4的同学完全是按高考分数录取。我们艺术类的三个专业录取的学生都在一本线以上，已经打破了我们通常所理解的艺术专业的同学大多都是两百分三百分入大学的这样一个刻板的印象。

招生考试改革措施之四，希望把个性特征鲜明、基础素质扎实而且有非常好的专业潜质的同学，培养成为真正合格的传媒人才和文化创意产业人才。学生入学后有一年的试读期，对于一年试读不合格的学生，可以开除。我们有转专业的制度，有些同学进到学校以后，发觉原来具有的艺术素质跟别的同学比可能差得很远，或者他的语言能力差得很远，那么可以转专业。

自主发展、自主学习、自主创新，是所有同学包括普通教育和高等教育共同关注的问题。大家知道文化创意产业、媒介行业在中国已经占到了 GDP 的 10% 左右，已经成为中国国民经济发展的一个支柱产业。所以我们要转变观念。也希望同学们能够树立自己的理想，拥有自己的激情，练就自己的本领，更多从事文化创意产业和媒介传播行业。

高考是大学中学教育的衔接点

厦门大学教育研究院院长　刘海峰

中学，特别是我们普通高中，培养出来的学生基本上都是通过高考进入大学的。那么高考就是中学和大学之间的一个衔接点，或者说是一个枢纽，一头连着大学，一头连着中学，可以说是两者之间的一个关键点。

高考是一个影响重大、万众瞩目的制度。对这个制度的研究在中国我认为有"三多三少"：一般的议论多，深入的研究少；新闻报道多，理论研究少；零星探讨多，系统研究少。为了改变这种状况，我们厦门大学教育研究院组织了一些团队在研究高考。今年是高考制度恢复 30 周年，为了使研究更为系统化、理论化，我们今年推出了中国第一套高考改革研究丛书。柳州高中百年华诞，我们实实在在地送出这一套高考改革研究丛书作为礼物。

我主要谈高考改革何去何从，即高考该怎么改。今年有很多媒体都对高考 30 年做了相关的回顾和介绍。但在前瞻性方面，虽然有一些探讨，但总的来讲还不够。高考该怎么改，这是一个很大的问题。多年来，我们都在讲高考改革是一个系统工程，可以说是牵一发而动全身。因为它一方面是为了高校招收合格的、高水平的新生，另一方面它不单单是一个大学和中学的问题，不仅仅是一个教育界的问题，它还关系到社会稳定、社会公平等与政治相关的问题。所以改革非常敏感，难度也非常大。

一方面，我们知道高考对中国近 30 年的经济发展、社会进步，或者我们讲的民族复兴有着非常重要的作用。30 年来，高考选拔出的千百万优秀人才，被输送到大学去深造，最后在社会方方面面成为骨干力量。所以，高考对推动社会进步功不可没。另一方面，高考造成的消极影响也很大，特别是高三，很辛苦。很多中学都把高考看成事关生死存亡或上一个重要台阶的重要关口。所以不论是对校长、高中老师，还是对学生、家长都造成了很大压力，也造成了很多应试的弊端、消极影响，这些大家都有目共睹。休息时间少、近视率攀升、发散性思维和求异思维受到抑制，在一定程度上影响了创新人才的培养。

总体上说，高考对我们整个社会而言还是利大于弊的。所以我觉得将来的中国还是需要高考。可能它需要一个渐进改革的高考，不可能改到一个与美国类似的高考。因为我们和西方很多国家相比，社会环境不同，文化传统不同，所以我们不得不采取这种以统一招生考试为主的高校招生考试制度。由于各种各样的原因，我们不能完全采取多元的录取方式，而必须坚持统一高考为主、其他形式为辅的多样化招考道路。

虽然统一高考有一些弊端和局限，但至少有以下好处：公平、高效、具有可比性。公平和具有可比性大家非常容易理解。高效，是因为它是一个大规模考试，把各个高校招生的共性统一了起来。如果普通考生有1 000万人的话，这个工作量是非常大的，高考把各个高校招生中共性的地方统一起来，它就很高效，可节约时间成本和经济成本。所以，高考改革应该在坚持统一考试的情况下走向多样化。可能慢慢降低统一高考在录取中的权重，但绝不可能采取高校完全独立的招生。

为了拉开区分度，选拔一些优秀的考生，高考必须要有相当的难度，这给学生和老师造成了相当大的负担和压力。所以有不少人建议把本科、专科分开来考，或者说把"985高校"、"211高校"和全国普通高校招生分开来考。还有各种各样的方案，就是分层次、分类型来考。这从理论上来说很好，实际上也做了一些实验，但是结果不尽如人意。

高考并非一试定终身、定成败，只是说当年会受一定影响。关于分层次、分类型的考试，广西2003年进行了本科、专科分开考试的探索，但最后的结果是退回来，说明这一方法行不通。因为大部分中学觉得这非常麻烦，对考生来讲，一次考试虽然难度大一点，但也可以试试，看能否考上本科。虽然这一次探索没有成功，但是为研究高考改革方案提供了一个非常有价值的样本。

高考制度在改革中不断完善

中国人民大学招生就业处处长　王　鹏

目前，我们的高考制度，还具有这样那样的问题，有些甚至是无法解决与无法回避的。但从整体上看，应该说它还是比较适合我国国情的一种国家级考试，但适合国情不代表它没有问题。近几年，教育部通过类似高校自主选拔录取试点，在积极地探索中国高考未来改革的方向。今年，教育部起草了一份关于普通高校招生考试制度综合改革的意见的文件，这个文件在比较小的范围内发送到了部分高校和基础教育部门，我想可能有部分中学校长见过这个改革文件。在这个改革文件里，我认为最重要的有两点。

第一，把全国所有招生的普通高等院校分成三个层次：第一个层次是"211高校""985高校"，就是中国一流的高校、高水平大学；第二个层次是普通本科院校；第三个层次是高等院校中的高职院校、专科院校。把高校分成三个层次的主要目的，就是要对不同的高校实行不同的政策。我们是按分数来录取学生，在录取的过程中不可能对学生的综合素质进行评价。所以，把高校分成不同的层次，就是要给这些高校不同的权力，对于高水平的大学可以给予最大的招生自主权。对于以高职院校为代表的第三个层次，也要给予其一定的招生自主权。这在北京已经开始实施了，北京已经有4所高职院校进行自主招生。所谓的自主招生就是不单纯以分数论英雄，目的是为国家培养蓝领技术工人。对于第二层次的学校，要加强监管。这是改革意见中第一个重要的变化。

第二个变化是对所有的考生而言的，要丰富考试评价体系。在现有的招生考试中，分数是唯一的评价指标，高校按照高考分数录取。在今后的评价体系中，以高考成绩为基础，增加高考的学业水平测试和综合素质评价。学业水平测试是高中会考的升级版，对每一门课程有一个评价。综合素质评价，可以简单地理解成班主任评语的升级版，改革意见没有对其做出详细界定，我认为主要包含对学生人格道德水平的评价、对自主发展能力的评价等。所有这三项都会在今后的高校录取中起到一定作用，不会像现在这样单纯以高考分数为标准。

后 记

自1977年恢复高考以来的近半个世纪中,"高考"一直都是社会各界热议的话题,围绕"高考改革"的探讨从来都没有停止过。2022年10月,党的二十大报告将"实施科教兴国战略,强化现代化建设人才支撑"列为专章进行论述并做出整体部署,这既是二十大报告的一大亮点,同时也凸显了教育在全面建设社会主义现代化国家中的基础性和战略性支撑作用。

从2007年首届著名大学中学校长峰会在广西柳州举办以来,2008年央美峰会、2010年人大峰会、2013年工大峰会、2018年正定峰会……每届峰会都有一批持续关注教育的社会有识之士,围绕着创新人才选拔和培养进行头脑风暴和深层次的探求,道理越辩越明,研究越做越深,每届峰会都在当时的社会各界特别是教育领域引起强烈反响。今天,我们组织团队对五届峰会中专家学者的观点进行梳理并集中呈现,主要是希望能够帮助广大读者了解近二十年来中国对创新人才选拔和培养的探索历程,同时呼吁更多关心和支持中国教育事业的专业人士与我们携手前行,为推动党的二十大关于大中小学思想政治教育一体化落地落实和拔尖创新人才培养奠定坚实基础。

本书在编撰过程中,得到了国内多位领导和专家的大力支持和指导。向为本书问世做出努力和贡献的每一个人,表示诚挚谢意。

由于"高考改革"涉及社会各个层面，书中许多话题都需要进一步研究和实践，特别是与创新人才的选拔和培养相关的问题相对复杂，牵一发而动全身，书中的讨论必然有许多不足之处，还望专家学者和广大读者批评指正。

编者

2023 年 9 月 13 日

图书在版编目（CIP）数据

跨越高考：大学中学衔接培养创新人才/唐景莉主编．--北京：中国人民大学出版社，2023.9
ISBN 978-7-300-32139-4

Ⅰ.①跨… Ⅱ.①唐… Ⅲ.①高考-教育改革-研究-中国 Ⅳ.①G632.474

中国国家版本馆 CIP 数据核字（2023）第 169456 号

跨越高考
大学中学衔接培养创新人才
唐景莉　主编
Kuayue Gaokao

出版发行	中国人民大学出版社			
社　　址	北京中关村大街 31 号		邮政编码	100080
电　　话	010-62511242（总编室）		010-62511770（质管部）	
	010-82501766（邮购部）		010-62514148（门市部）	
	010-62515195（发行公司）		010-62515275（盗版举报）	
网　　址	http://www.crup.com.cn			
经　　销	新华书店			
印　　刷	唐山玺诚印务有限公司			
开　　本	720 mm×1000 mm　1/16		版　次	2023 年 9 月第 1 版
印　　张	14		印　次	2023 年 9 月第 1 次印刷
字　　数	189 000		定　价	78.00 元

版权所有　侵权必究　印装差错　负责调换